Die Schlüssel zu Microsoft 365 Copilot

KI-Beherrschung für Leistung

Daniel Roth

Die Schlüssel zu Microsoft 365 Copilot

KI-Beherrschung für Leistung

Veröffentlicht von

Daniel Roth

ISBN

9798317421403

INHALTSVERZEICHNIS

EINLEITUNG

Stellen Sie sich vor, Sie könnten Ihre tägliche Arbeit in Microsoft 365 plötzlich mit einem kompetenten Assistenten erledigen, der genau versteht, was Sie brauchen. Ein Assistent, der Ihnen hilft, E-Mails zu verfassen, Präsentationen zu erstellen und Daten zu analysieren – und das alles mit erstaunlicher Geschwindigkeit und Präzision. Diese Vision ist keine ferne Zukunftsmusik mehr; sie ist bereits Realität geworden mit Microsoft 365 Copilot.

Als ich zum ersten Mal mit Copilot arbeitete, war ich verblüfft über die unmittelbare Wirkung auf meine Produktivität. Dokumente, die normalerweise Stunden in Anspruch nahmen, konnte ich plötzlich in Minuten erstellen. Komplexe Datenanalysen, die früher mühsame manuelle Arbeit erforderten, wurden mit wenigen Anweisungen erledigt. Diese Erfahrung hat mich dazu inspiriert, dieses Buch zu schreiben – um Ihnen zu zeigen, wie Sie ohne langwierige Lernkurve sofort von dieser KI-Revolution profitieren können.

In meiner langjährigen Beratungstätigkeit für deutsche Unternehmen habe ich eine wiederkehrende Herausforderung beobachtet: Neue Technologien versprechen oft Produktivitätssteigerungen, verlangen aber gleichzeitig erheblichen Lernaufwand. Diese Gleichung führt dazu, dass viele wertvolle Tools ungenutzt bleiben, weil der anfängliche Zeitaufwand für das Lernen zu hoch erscheint. Bei Copilot ist das anders – vorausgesetzt, Sie kennen die richtigen Einstiegspunkte.

Der Schlüssel zum Erfolg mit Copilot liegt nicht darin, jede Funktion im Detail zu beherrschen, sondern die wichtigsten Anwendungsfälle schnell zu erschließen. In diesem Buch konzentriere ich mich auf genau diese Strategie: Ihnen die essentiellen Schlüssel zu geben, mit denen Sie sofort die Tür zu verbesserter Produktivität öffnen können.

Was erwartet Sie in diesem Buch? Keine langatmigen technischen Erklärungen, keine komplizierten Anleitungen – stattdessen eine klare, praxisnahe Anleitung, wie Sie Copilot in Ihrem beruflichen Alltag gewinnbringend einsetzen. Vom schnellen Einstieg über effizientere Kommunikation bis hin zur Erstellung überzeugender Dokumente und datengestützter Entscheidungsfindung – ich begleite Sie auf jedem Schritt Ihrer Reise.

Mein Versprechen an Sie: Nach der Lektüre dieses Buches werden Sie in der Lage sein, Copilot so einzusetzen, dass Sie spürbar mehr in weniger Zeit erreichen. Sie werden nicht nur wissen, welche Funktionen Ihnen den größten Nutzen bringen, sondern auch, wie Sie diese optimal in Ihren individuellen Arbeitsablauf integrieren.

Die KI-Revolution im Büroalltag ist in vollem Gange, und mit Microsoft 365 Copilot steht Ihnen ein mächtiges Werkzeug zur Verfügung. Viele deutsche Fachkräfte und Führungskräfte stehen jedoch vor der Herausforderung, diese neue Technologie effektiv zu nutzen. Einige zögern aus Sorge vor einer komplexen Lernkurve, andere sind unsicher, wo sie anfangen sollen, und wieder andere befürchten, dass die Integration in bestehende Arbeitsabläufe zu zeitaufwändig sein könnte.

Mit diesem Buch möchte ich diese Barrieren abbauen. Als jemand, der zahlreiche Unternehmen bei der Einführung von Microsoft 365 und seinen KI-Funktionen begleitet hat, kenne ich die typischen Stolpersteine – und weiß, wie man sie umgeht. Die gute Nachricht: Mit den richtigen Schlüsseln und einer strukturierten Herangehensweise können Sie Copilot ohne langwierige Einarbeitung gewinnbringend nutzen.

Der Aufbau dieses Buches folgt einem klaren Weg, der Sie von den Grundlagen zu fortgeschrittenen Anwendungen führt:

Wir beginnen mit einer Einführung, die Ihnen hilft, die anfängliche Komplexität von Copilot zu entschlüsseln und Ihre persönliche Motivation für den Einsatz dieser Technologie zu finden. Hier legen wir auch den Grundstein für eine effektive Lernstrategie, indem wir typische Zeitfresser identifizieren und das 80/20-Prinzip auf Copilot anwenden.

Im ersten Hauptkapitel beschleunigen wir Ihren Start mit Copilot, indem wir das Fundament für sofortige Produktivität legen. Sie lernen, wie Sie die Benutzeroberfläche effektiv navigieren, Ihre ersten erfolgreichen Prompts formulieren und die grundlegenden Funktionsweisen verstehen – immer mit dem Fokus auf praktische Anwendung statt theoretischem Wissen.

Das zweite Kapitel widmet sich der effizienten Kommunikation mit Copilot. Hier zeige ich Ihnen, wie Sie E-Mails mühelos managen, aussagekräftige Nachrichten schneller entwerfen und lange E-Mail-Verläufe sofort zusammenfassen können. Außerdem lernen Sie, wie Copilot Ihnen bei Teams-Besprechungen und Chats helfen kann, wichtige Ergebnisse zu erfassen und Ihre Kommunikation zu optimieren.

Im dritten Kapitel beschäftigen wir uns mit der Beschleunigung von Dokumenten und Präsentationen. Sie erfahren, wie Sie mit Copilot erste Entwürfe in Rekordzeit generieren, bestehende Dokumente intelligent transformieren und überzeugende PowerPoint-Präsentationen gestalten können – alles mit einem Bruchteil des sonst erforderlichen Aufwands.

Das vierte Kapitel zeigt Ihnen, wie Sie mit Copilot in Excel die Komplexität von Datenanalysen reduzieren können. Von der Erklärung komplexer Formeln über die automatische Erkennung von Datenmustern bis hin zur Erstellung aussagekräftiger Visualisierungen – Copilot wird zu Ihrem persönlichen Datenanalysten.

Im fünften und letzten Hauptkapitel perfektionieren wir Ihren Copilot-Workflow, indem wir die KI nahtlos in Ihren Arbeitsalltag integrieren. Hier geht es um aufgabenübergreifende Synergien, die intelligente Verbindung von M365-Apps und die nachhaltige Verbesserung Ihrer Copilot-Fähigkeiten durch fortgeschrittene Prompting-Techniken und persönliche Produktivitäts-Hacks.

Was dieses Buch von anderen unterscheidet, ist der konsequente Fokus auf sofortige Anwendbarkeit. Jede Seite, jedes Kapitel ist darauf ausgerichtet, Ihnen konkrete Werkzeuge an die Hand zu geben, die Sie ohne Verzögerung einsetzen können. Ich verzichte bewusst auf technische Exkurse und konzentriere mich stattdessen auf die Aspekte, die Ihnen im deutschen Büroalltag den größten Mehrwert bieten.

Die Beispiele und Anwendungsfälle sind speziell auf den deutschen Geschäftskontext zugeschnitten. Sie werden Szenarien kennenlernen, die Ihnen aus Ihrem eigenen Arbeitsumfeld vertraut sein dürften – sei es die Vorbereitung einer Präsentation für das Management, die Analyse von Verkaufsdaten für den DACH-Raum oder die Erstellung einer überzeugenden Projektkommunikation.

In meiner Arbeit mit deutschen Unternehmen habe ich immer wieder festgestellt, dass die größte Hürde bei der Einführung neuer Technologien nicht die Technologie selbst ist, sondern die Art und Weise, wie sie vermittelt wird. Zu oft verlieren sich Schulungen und Handbücher in Details, die für den Anwender zunächst irrelevant sind. Mein Ansatz ist ein anderer: Ich zeige Ihnen genau das, was Sie jetzt brauchen, um sofort produktiver zu werden – nicht mehr und nicht weniger.

Diese praxisorientierte Herangehensweise hat sich in zahlreichen Projekten bewährt. Ein Vertriebsleiter eines mittelständischen Unternehmens berichtete mir, dass er durch die gezielte Anwendung von Copilot-Techniken seine wöchentliche E-Mail-Bearbeitung von vier auf unter zwei Stunden reduzieren konnte. Eine Teamleiterin im Marketing konnte die

Vorbereitungszeit für Kundenpräsentationen um mehr als 60% verkürzen.

Solche Erfolgsgeschichten sind keine Ausnahmen, sondern können zur Regel werden – vorausgesetzt, man kennt die richtigen Hebelansätze. Genau diese möchte ich Ihnen mit diesem Buch vermitteln.

Sind Sie bereit, den Sprung zu wagen und die Kraft von Microsoft 365 Copilot für sich zu nutzen? Dann lassen Sie uns keine Zeit verlieren und direkt einsteigen in die Welt der KI-gestützten Produktivität.

DIE COPILOT-KOMPLEXITÄT ENTSCHLÜSSELN: IHR STARTPUNKT ZUR KI-GESTÜTZTEN LEISTUNG

DEN COPILOT-NEBEL LICHTEN: VON TECHNISCHER ÜBERFORDERUNG ZU KLARER SICHT

Der erste Kontakt mit Microsoft 365 Copilot kann überwältigend wirken. Als ich zum ersten Mal das Dashboard öffnete, fühlte ich mich wie ein Pilot, der plötzlich im Cockpit eines deutlich komplexeren Flugzeugs sitzt. Knöpfe, Optionen und Möglichkeiten überall. Wo sollte ich anfangen? Was konnte dieses Tool wirklich für mich tun? Diese anfängliche Verwirrung ist völlig normal und ich habe sie bei fast allen meinen Klienten erlebt.

Die Wahrheit über Microsoft 365 Copilot ist faszinierend: Unter der Oberfläche verbirgt sich ein leistungsstarker KI-Assistent, der Ihre tägliche Arbeit revolutionieren kann. Doch um diese Kraft zu nutzen, müssen wir zunächst den "Nebel der Komplexität" lichten, der viele Anwender anfangs umgibt.

Die technische Grundlage von Copilot ist beeindruckend. Das System kombiniert fortschrittliche Sprachmodelle (LLMs) mit Ihren persönlichen Arbeitsdaten aus dem Microsoft Graph. In einfachen Worten: Copilot versteht Ihre Anfragen in natürlicher Sprache und greift dabei auf Ihre E-Mails, Dokumente, Meetings und andere Arbeitsdaten zu, um kontextbezogene, personalisierte Antworten zu liefern[3].

Trotz dieser leistungsstarken Technologie sehe ich bei meinen Kunden drei hauptsächliche Hürden, die den Einstieg erschweren:

- **Die Unklarheit über die tatsächlichen Fähigkeiten**: Viele wissen nicht genau, was Copilot eigentlich alles kann und wo die Grenzen liegen.

- **Die Unsicherheit bei der Formulierung von Anfragen**: Wie spreche ich mit einer KI? Welche Befehle versteht sie? Was ist zu vage, was zu spezifisch?
- **Die Bedenken bezüglich Datenschutz und Sicherheit**: Wer sieht meine Daten? Lernt die KI aus meinen vertraulichen Informationen?

Lassen Sie uns jede dieser Hürden gemeinsam überwinden.

Die Fähigkeiten von Microsoft 365 Copilot erscheinen zunächst wie ein endloses Meer von Möglichkeiten. Um Klarheit zu schaffen, helfen konkrete Beispiele. Stellen Sie sich Copilot als einen kompetenten Assistenten vor, der in jedem Microsoft 365-Programm bestimmte Aufgaben übernehmen kann. In Word hilft er Ihnen beim Verfassen und Überarbeiten von Texten. In Excel erklärt er komplexe Formeln und analysiert Ihre Daten. In Outlook fasst er lange E-Mail-Verläufe zusammen und unterstützt Sie beim Verfassen von Nachrichten. In PowerPoint erstellt er Präsentationsfolien basierend auf Ihren Ideen. In Teams fasst er Besprechungen zusammen und beantwortet Fragen zum Gesprächsverlauf[3].

Um diese Vielfalt an Funktionen greifbarer zu machen, nutze ich mit meinen Klienten oft den Ansatz der "Anwendungsfälle". Anstatt alle Möglichkeiten auf einmal zu erfassen, konzentrieren wir uns auf konkrete Szenarien:

- Ein Vertriebsleiter nutzt Copilot, um wöchentliche Berichte schneller zu erstellen und Kundenemails effektiver zu beantworten.
- Eine Projektmanagerin lässt Copilot Meetingnotizen zusammenfassen und To-Do-Listen aus Besprechungen extrahieren.
- Ein Finanzanalyst nutzt Copilot, um komplexe Datensets zu analysieren und aussagekräftige Visualisierungen zu erstellen.

Diese greifbaren Beispiele machen die abstrakten Möglichkeiten von Copilot plötzlich konkret und anwendbar.

Die zweite große Hürde betrifft die Interaktion mit Copilot. Wie kommuniziert man effektiv mit einer KI? Die gute Nachricht: Sie müssen keine Programmiersprache lernen oder komplizierte Befehle beherrschen. Copilot versteht natürliche Sprache – Sie können mit ihm sprechen, wie mit einem menschlichen Kollegen.

Dennoch gibt es Techniken, die die Kommunikation verbessern. Ich nenne sie die "Klarheits-Prinzipien":

- **Seien Sie spezifisch**: "Erstelle eine Zusammenfassung der letzten Marketingbesprechung" ist besser als "Sag mir etwas über Marketing".
- **Geben Sie Kontext**: "Analysiere die Umsatzdaten des letzten Quartals und vergleiche sie mit dem Vorjahr" liefert bessere Ergebnisse als "Analysiere die Umsätze".
- **Nutzen Sie Iterationen**: Beginnen Sie mit einer einfachen Anfrage und verfeinern Sie diese schrittweise, basierend auf den Antworten von Copilot.

Ein konkretes Beispiel aus meiner Beratungspraxis: Eine Führungskraft wollte eine Präsentation erstellen und fragte Copilot einfach: "Erstelle eine Präsentation". Das Ergebnis war zu allgemein. Als sie stattdessen formulierte: "Erstelle eine 10-Folien-Präsentation über unsere Nachhaltigkeitsziele für 2025, die unsere vier Hauptinitiativen und deren Fortschritt darstellt", erhielt sie ein deutlich präziseres und nützlicheres Ergebnis.

Die dritte Hürde betrifft Bedenken hinsichtlich Datenschutz und Sicherheit. Diese Sorgen sind berechtigt und verdienen besondere Aufmerksamkeit. Microsoft hat Copilot von Grund auf mit dem Fokus auf Unternehmenssicherheit entwickelt. Das System erbt automatisch alle Sicherheits-, Compliance- und Datenschutzrichtlinien Ihrer Organisation[7]. Es greift nur auf

Daten zu, für die Sie bereits Zugriffsberechtigungen haben – nicht mehr und nicht weniger.

Ein häufiges Missverständnis, das ich oft aufklären muss: Die zugrunde liegenden großen Sprachmodelle (LLMs) werden nicht mit Ihren Unternehmensdaten oder individuellen Anfragen trainiert[7]. Dies ist ein kritischer Unterschied zu vielen anderen KI-Lösungen und ein wichtiger Aspekt für den Schutz Ihrer Geschäftsinformationen.

Nun, da wir die grundlegenden Hürden identifiziert haben, möchte ich Ihnen einen praktischen Weg zur Klärung des "Copilot-Nebels" vorstellen – einen Drei-Stufen-Ansatz, den ich mit meinen Klienten erfolgreich anwende:

1. **Die Beobachtungsphase**: Verbringen Sie zunächst Zeit damit, einfach zu beobachten, was Copilot in Ihren täglichen Anwendungen kann.

   - Öffnen Sie Copilot in verschiedenen Microsoft 365-Anwendungen und schauen Sie sich die vorgeschlagenen Beispielanfragen an
   - Beobachten Sie, wie Kollegen Copilot einsetzen
   - Nutzen Sie die Copilot Prompt Gallery für inspirierende Beispiele[3]

2. **Die Experimentierphase**: Testen Sie Copilot mit einfachen, risikoarmen Aufgaben.

   - Lassen Sie Copilot eine E-Mail zusammenfassen, statt selbst eine lange Korrespondenz zu lesen
   - Bitten Sie Copilot, einen ersten Entwurf für ein Dokument zu erstellen, den Sie anschließend überarbeiten
   - Experimentieren Sie mit verschiedenen Frageformulierungen, um ein Gefühl für die Interaktion zu entwickeln

3. **Die Integrationsphase**: Bauen Sie Copilot systematisch in Ihren Arbeitsalltag ein.

- Identifizieren Sie wiederkehrende Aufgaben, die Copilot übernehmen kann
- Entwickeln Sie Routinen für bestimmte Arbeitsabläufe mit Copilot
- Reflektieren Sie regelmäßig, welche Ansätze funktionieren und welche nicht

Die Überwindung der technischen Komplexität von Copilot ähnelt dem Erlernen einer neuen Fertigkeit – es braucht etwas Übung, aber mit dem richtigen Rahmen wird es schnell intuitiv. Viele meiner Kunden berichten von einem "Aha-Moment", wenn sie plötzlich verstehen, wie nahtlos sich Copilot in ihren Arbeitsalltag einfügen kann.

Ein Beispiel: Eine Teamleiterin in einem mittelständischen Unternehmen war anfangs skeptisch gegenüber Copilot. Nach zwei Wochen Experimentieren entdeckte sie, wie Copilot ihr half, wöchentliche Team-Updates zu verfassen – eine Aufgabe, die zuvor bis zu 90 Minuten in Anspruch nahm und nun in weniger als 20 Minuten erledigt war. Dies war ihr persönlicher Wendepunkt im Verständnis des Werkzeugs.

Der Weg von der technischen Überforderung zur Klarheit ist oft kürzer als erwartet. Mit einem strukturierten Ansatz können Sie die anfängliche Komplexität von Microsoft 365 Copilot schnell überwinden und die praktischen Vorteile in Ihrem Arbeitsalltag erkennen.

Denken Sie daran: Copilot wurde entwickelt, um Ihre Arbeit zu vereinfachen, nicht zu verkomplizieren. Die Technologie mag fortschrittlich sein, aber ihr Zweck ist grundlegend menschlich – Ihnen Zeit für kreative, strategische und erfüllende Arbeit zurückzugeben, indem sie Routineaufgaben übernimmt.

In meiner Erfahrung als Berater habe ich gesehen, wie Menschen nach der Überwindung dieser ersten Hürden ihre Arbeitsweise fundamental verändert haben. Sie konnten sich von administrativen Aufgaben befreien und mehr Zeit in wertschöpfende Tätigkeiten investieren. Diese Transformation beginnt mit dem Lichten des Nebels – mit dem klaren Verständnis dessen, was Copilot ist und wie es Ihnen dienen kann.

Mit den in diesem Abschnitt vorgestellten Strategien haben Sie nun die Werkzeuge, um die anfängliche Komplexität von Copilot zu überwinden. Im nächsten Abschnitt werden wir uns damit beschäftigen, wie Sie Ihre persönliche Motivation für den Einsatz von Copilot finden können – ein entscheidender Schritt, um langfristig von dieser Technologie zu profitieren.

Ihre Persönliche Copilot-Motivation Finden: Den Produktivitätssprung Konkretisieren

Nach dem Lichten des Copilot-Nebels steht eine entscheidende Frage im Raum: Warum sollten Sie persönlich Zeit in dieses neue Werkzeug investieren? Ohne eine klare Antwort auf diese Frage bleibt Copilot nur eine weitere interessante Technologie, die Sie irgendwann einmal ausprobieren könnten. Mit einer starken persönlichen Motivation hingegen wird Copilot zu einem Katalysator für Ihre tägliche Produktivität.

In meiner Beratungspraxis erlebe ich regelmäßig einen faszinierenden Moment, wenn Klienten ihre individuelle Motivation für den Einsatz von Copilot entdecken. Aus anfänglicher Neugier wird plötzlich Begeisterung, und aus zögerlicher Anwendung wird routinierte Nutzung. Dieser Wandel basiert auf einer einfachen Erkenntnis: Copilot löst tatsächlich ein persönliches Problem oder erfüllt ein konkretes Bedürfnis.

Die Suche nach Ihrer persönlichen Copilot-Motivation beginnt mit einer ehrlichen Bestandsaufnahme Ihrer aktuellen Arbeitssituation. Nehmen Sie sich einen Moment Zeit und stellen Sie sich folgende Fragen:

- **Welche Aufgaben empfinden Sie als besonders zeitraubend?** Denken Sie an regelmäßige Tätigkeiten, die Sie als mühsam oder repetitiv erleben.
- **Bei welchen Aktivitäten wünschen Sie sich regelmäßig Unterstützung?** Überlegen Sie, wo Sie bereits nach Hilfe suchen oder sich diese wünschen würden.
- **Welche Bereiche Ihrer Arbeit könnten durch mehr Kreativität oder schnellere Ergebnisse profitieren?** Identifizieren Sie Aspekte, bei denen Sie das Gefühl haben, nicht Ihr volles Potenzial auszuschöpfen.
- **Welche Aufgaben schieben Sie regelmäßig auf, weil sie zu komplex oder zu zeitaufwändig erscheinen?** Notieren Sie Tätigkeiten, die Sie vermeiden oder ungern angehen.

Die Beantwortung dieser Fragen schafft ein persönliches Motivationsprofil, das Ihnen hilft, Copilot gezielt für Ihre individuellen Bedürfnisse einzusetzen. In meinen Workshops bitte ich Teilnehmer oft, ihre Top-3-Schmerzpunkte zu identifizieren, die ihnen täglich Zeit und Energie rauben. Diese spezifischen Probleme dienen als Einstiegspunkte für die Copilot-Nutzung.

Ein Abteilungsleiter eines mittelständischen Unternehmens nannte als seinen größten Zeitfresser das Verfassen von Status-Updates für die Geschäftsleitung. Als wir demonstrierten, wie Copilot innerhalb von Sekunden einen ersten Entwurf basierend auf vorhandenen Daten erstellen kann, war seine unmittelbare Reaktion: "Das allein spart mir wöchentlich mindestens zwei Stunden." Diese konkrete Zeitersparnis wurde zu seiner persönlichen Motivation, Copilot in seinen Arbeitsalltag zu integrieren.

Persönliche Motivation entsteht auch aus dem Verständnis der konkreten Vorteile, die Copilot bieten kann. Basierend auf meiner Erfahrung mit hunderten von Anwendern lassen sich diese Vorteile in vier Hauptkategorien einteilen:

1. **Zeitersparnis durch Automatisierung:** Copilot kann repetitive Aufgaben übernehmen und deutlich beschleunigen.

    - E-Mail-Zusammenfassungen in Sekunden statt Minuten
    - Erstellung von Dokumentengrundgerüsten in Minuten statt Stunden
    - Automatische Generierung von Meetingnotizen und Aktionspunkten

2. **Qualitätsverbesserung durch KI-Unterstützung:** Copilot kann die inhaltliche Qualität Ihrer Arbeit verbessern.

    - Präzisere Formulierungen in wichtigen Kommunikationen
    - Umfassendere Analysen durch automatische Datenmustererkennung
    - Konsistentere Dokumente durch intelligente Formatierungshilfe

3. **Kreativitätssteigerung durch Ideengenerierung:** Copilot kann als Ideengeber und Inspirationsquelle dienen.

    - Verschiedene Perspektiven zu einem Thema aufzeigen
    - Alternative Lösungsansätze vorschlagen
    - Kreative Formulierungen und Darstellungsformen anbieten

4. **Stressreduktion durch Komplexitätsverringerung:** Copilot kann komplexe Aufgaben zugänglicher machen.

    - Vereinfachung komplizierter Excel-Formeln

- Erklärung schwieriger Konzepte in Ihren eigenen Dokumenten
- Zügige Erstellung von ersten Entwürfen als Startpunkt

Die Konkretisierung des Produktivitätssprungs ist entscheidend, um Ihre Motivation aufrechtzuerhalten. Abstrakte Versprechen wie "KI macht Sie produktiver" reichen nicht aus, um langfristige Verhaltensänderungen zu bewirken. Stattdessen müssen Sie den Nutzen von Copilot in Ihrem spezifischen Kontext quantifizieren können.

Ein effektiver Ansatz ist die 5-Minuten-Methode: Identifizieren Sie Aufgaben, bei denen Copilot Ihnen mindestens fünf Minuten Zeit pro Tag spart. Diese Zeitersparnis mag zunächst gering erscheinen, summiert sich aber schnell. Fünf Minuten täglich entsprechen 25 Minuten pro Woche, 100 Minuten pro Monat und 20 Stunden pro Jahr. Wenn Sie drei solcher Aufgaben finden, gewinnen Sie über 60 Stunden pro Jahr, also eineinhalb Arbeitswochen!

Eine meiner Klientinnen, eine Projektmanagerin in einem Technologieunternehmen, führte ein zweiwöchiges Experiment durch. Sie dokumentierte genau, wie viel Zeit sie mit und ohne Copilot für bestimmte Aufgaben benötigte:

- Erstellung eines Projektstatusberichts: 45 Minuten ohne Copilot, 15 Minuten mit Copilot
- Beantwortung komplexer Kundenanfragen: Durchschnittlich 12 Minuten ohne Copilot, 5 Minuten mit Copilot
- Vorbereitung von Teambesprechungen: 30 Minuten ohne Copilot, 10 Minuten mit Copilot

Allein bei diesen drei regelmäßigen Aufgaben sparte sie wöchentlich über zwei Stunden, die sie in strategischere Aspekte ihrer Arbeit investieren konnte. Diese messbare Verbesserung wurde zu ihrer persönlichen "Erfolgsgeschichte" mit Copilot und motivierte sie, weitere Anwendungsbereiche zu erschließen.

Um Ihre eigene Erfolgsgeschichte zu schreiben, empfehle ich das Führen eines "Produktivitätsjournals" während Ihrer ersten Wochen mit Copilot. Notieren Sie:

- Welche Aufgabe haben Sie mit Copilot erledigt?
- Wie viel Zeit haben Sie im Vergleich zur herkömmlichen Methode gespart?
- Welche zusätzliche Qualität oder welchen zusätzlichen Wert hat Copilot geliefert?

Dieses Journal macht Ihren persönlichen Produktivitätssprung sichtbar und dient als kraftvolle Motivation für die weitere Nutzung von Copilot.

Die persönliche Motivation für Copilot entsteht nicht nur aus Effizienzgewinnen, sondern auch aus der veränderten Arbeitsqualität. Viele meiner Klienten berichten, dass sie durch Copilot weniger Zeit mit "Muss-Aufgaben" verbringen und mehr Zeit für "Kann-Aufgaben" gewinnen, die ihnen persönlich mehr Freude und Erfüllung bringen.

Ein kaufmännischer Leiter beschrieb mir seinen Erfahrungsweg mit Copilot so: "Früher verbrachte ich Stunden damit, Excel-Daten aufzubereiten und zu analysieren. Mit Copilot erledige ich diese Aufgabe in einem Bruchteil der Zeit und habe nun endlich Raum, mich mit strategischen Fragen zu beschäftigen, die ich immer aufschieben musste. Das hat meine Arbeitszufriedenheit enorm gesteigert."

Die Suche nach Ihrer persönlichen Copilot-Motivation ist kein einmaliger Prozess, sondern eine fortlaufende Entdeckungsreise. Mit zunehmender Erfahrung werden Sie immer neue Anwendungsbereiche erschließen und Ihre Motivation wird sich weiterentwickeln. Was als einfache Zeitersparnis bei einer lästigen

Aufgabe beginnt, kann sich zu einer umfassenden Transformation Ihrer Arbeitsweise entwickeln.

In den folgenden Kapiteln werden wir konkrete Anwendungsfälle und Techniken kennenlernen, die Ihnen helfen, das volle Potenzial von Copilot auszuschöpfen. Jeder dieser Anwendungsfälle bietet die Möglichkeit, Ihre persönliche Motivation zu stärken und Ihren individuellen Produktivitätssprung zu konkretisieren. Die Reise beginnt mit der Identifikation Ihrer persönlichen Schmerzpunkte und dem Verständnis, wie Copilot genau diese adressieren kann.

DIE SCHNELLSTART-MENTALITÄT AKTIVIEREN: HÜRDEN ERKENNEN UND SOFORT ÜBERWINDEN

ZEITFRESSER-FALLEN IDENTIFIZIEREN: TYPISCHE LERNBLOCKADEN BEI COPILOT UMGEHEN

Wissen ist Macht, besonders wenn es darum geht, Ihre kostbare Zeit zu schützen. Bei der Einführung neuer Technologien wie Microsoft 365 Copilot lauern zahlreiche versteckte Zeitfresser, die Ihren Lernprozess verlangsamen können. Meine Erfahrung in der Beratung deutscher Unternehmen hat gezeigt, dass die meisten Anwender in ähnliche Fallen tappen, die sich mit der richtigen Strategie leicht vermeiden lassen.

Der Weg zur Copilot-Kompetenz gleicht oft einem Hindernisparcours mit typischen Stolpersteinen. Viele meiner Klienten verbringen unverhältnismäßig viel Zeit mit unproduktiven Lernansätzen, bevor sie die wirklich wertvollen Funktionen für sich entdecken. Dies führt zu Frustration und einer verzerrten Wahrnehmung des tatsächlichen Nutzens dieser Technologie.

Die größte Zeitfresser-Falle liegt in der Annahme, dass man jede Funktion von Copilot erlernen muss, bevor man produktiv damit arbeiten kann. Ein Abteilungsleiter eines mittelständischen Unternehmens gestand mir, dass er drei Wochen lang systematisch versucht hatte, alle Features zu ergründen, bevor er Copilot in seinen Arbeitsalltag integrierte. Als wir gemeinsam einen pragmatischeren Ansatz entwickelten, stellte er fest, dass bereits fünf zentrale Funktionen ausgereicht hätten, um 80% seiner Effizienzgewinne zu realisieren.

Lassen Sie uns die typischen Zeitfresser-Fallen beim Erlernen von Copilot identifizieren und Strategien entwickeln, um diese gezielt zu umgehen:

- **Die Perfektion-Vor-Produktivität-Falle**: Viele Anwender wollen Copilot erst dann einsetzen, wenn sie sich vollständig sicher fühlen, was zu einem endlosen Aufschub führt.

  - *Lösung*: Beginnen Sie mit einem "Minimum Viable Knowledge"-Ansatz, indem Sie nur das Wesentliche lernen, um sofort Ergebnisse zu erzielen.

- **Die Tutorial-Endlosschleife**: Das stundenlange Konsumieren von Anleitungen ohne praktische Anwendung gibt ein falsches Gefühl von Fortschritt.

  - *Lösung*: Befolgen Sie die 1:3-Regel: Für jede Lernminute sollten Sie mindestens drei Minuten praktisch mit Copilot arbeiten.

- **Die Feature-Überflutung**: Das wahllose Experimentieren mit allen verfügbaren Funktionen führt zu oberflächlichem Wissen ohne echten Mehrwert.

  - *Lösung*: Identifizieren Sie die drei wichtigsten Aufgaben in Ihrem Arbeitsalltag und konzentrieren Sie sich darauf, diese mit Copilot zu optimieren.

- **Die Isolations-Illusion**: Das Erlernen von Copilot ohne Bezug zu Ihren tatsächlichen Arbeitsprozessen reduziert den Transfereffekt erheblich.

  - *Lösung*: Integrieren Sie Copilot direkt in Ihre realen Projekte, selbst wenn Sie anfangs langsamer sind.

- **Die Vergleichs-Verzögerung**: Das ständige Vergleichen mit manuellen Methoden oder anderen KI-Tools verzögert die eigentliche Nutzung von Copilot.

○ *Lösung*: Geben Sie sich eine feste Testphase von zwei Wochen, in der Sie Copilot konsequent nutzen, ohne Alternativen zu erwägen.

Ein besonders heimtückischer Zeitfresser ist die "Dokumentationsfinsternis" - das Gefühl, nie genug über Copilot zu wissen, um sicher damit arbeiten zu können. Eine Projektleiterin aus meinem Beratungskreis verbrachte sechs Arbeitstage mit dem Studium der Microsoft-Dokumentation, wobei sie am Ende zugab, dass sie sich noch immer nicht bereit fühlte, Copilot im Tagesgeschäft einzusetzen. Wir entwickelten daraufhin einen praxisorientierten Lernplan, der innerhalb von zwei Stunden zu ersten Erfolgserlebnissen führte.

Die psychologische Komponente dieser Lernblockaden sollte nicht unterschätzt werden. Viele Fachkräfte haben unterbewusst Bedenken, dass KI-Werkzeuge wie Copilot ihre eigenen Fähigkeiten in Frage stellen könnten. Diese Sorge manifestiert sich oft als übermäßige Vorsicht oder unnötige Lernschleifen, die in Wahrheit Vermeidungsstrategien sind. Die Erkenntnis, dass Copilot Ihre Expertise erweitert statt ersetzt, befreit von dieser mentalen Blockade.

Um die typischen Lernblockaden bei Copilot zu überwinden, habe ich das "Schnellstart-Protokoll" entwickelt, das bei meinen Klienten zu nachweislichen Erfolgen geführt hat:

1. **Tag 1-2: Orientierungsphase**

   - Lernen Sie die grundlegende Navigation in Copilot (maximal 30 Minuten)
   - Wenden Sie Copilot sofort auf eine alltägliche Aufgabe an (z.B. E-Mail-Zusammenfassung)
   - Reflektieren Sie kurz über die Erfahrung (Was hat funktioniert? Was nicht?)

2. **Tag 3-5: Fokussierte Anwendung**

- Wählen Sie drei spezifische Aufgabentypen für die Copilot-Unterstützung
- Integrieren Sie Copilot in Ihren tatsächlichen Arbeitsablauf
- Dokumentieren Sie Zeitersparnisse und Qualitätsverbesserungen

3. **Tag 6-10: Erweiterung und Optimierung**

- Fügen Sie schrittweise neue Anwendungsfälle hinzu
- Optimieren Sie Ihre Prompts für bessere Ergebnisse
- Teilen Sie Erfolge und Herausforderungen mit Kollegen

Dieses strukturierte Vorgehen verhindert, dass Sie in endlosen Lernschleifen festsitzen, und fokussiert Ihre Energie auf die produktive Anwendung von Copilot.

Ein weiterer wesentlicher Zeitfresser ist die "Einzelkämpfer-Mentalität" beim Erlernen neuer Technologien. Viele meiner Klienten versuchen, Copilot im Alleingang zu meistern, anstatt von den Erfahrungen anderer zu profitieren. Die Einrichtung eines einfachen Austauschs mit Kollegen oder der Beitritt zu einer Online-Community kann den Lernprozess erheblich beschleunigen. In einem mittelständischen Vertriebsteam führte die Einführung eines wöchentlichen 15-minütigen "Copilot-Tipps"-Austauschs zu einer Vervierfachung der Adoptionsrate und einer deutlichen Reduzierung von Frustrationserlebnissen.

Die "Alles-oder-nichts"-Falle stellt ebenfalls eine signifikante Lernblockade dar. Viele Anwender glauben fälschlicherweise, dass sie Copilot entweder für alle oder für keine ihrer Aufgaben einsetzen sollten. Ein pragmatischerer Ansatz besteht darin, mit einem klar definierten Einsatzgebiet zu beginnen, beispielsweise der Vorbereitung von Meetings oder der Zusammenfassung von Dokumenten. Dieser fokussierte Einstieg ermöglicht es Ihnen, schnell Expertise in einem Bereich aufzubauen, bevor Sie Ihre Copilot-Nutzung ausweiten.

Mein Klient aus der Finanzabteilung eines großen Industrieunternehmens berichtete von seiner "Excel-Fixierung" - er versuchte, Copilot ausschließlich für komplexe Tabellenkalkulationen zu nutzen, während er die einfacheren, aber zeitlich relevanteren Anwendungen in Outlook oder Word ignorierte. Nach einer Neuausrichtung seiner Prioritäten konnte er innerhalb einer Woche täglich 45 Minuten einsparen, primär durch die Nutzung von Copilot für E-Mail-Management und Dokumenterstellung.

Die "Beispiel-Blindheit" ist eine subtile, aber weit verbreitete Lernblockade. Viele Anwender folgen Tutorials oder Beispielen, ohne diese auf ihre spezifischen Anforderungen zu übertragen. Ein effektiverer Ansatz besteht darin, jedes Beispiel sofort in einen persönlichen Anwendungsfall zu übersetzen. Statt einfach zu lernen, wie Copilot eine generische E-Mail schreiben kann, testen Sie direkt, wie es Ihnen bei der Erstellung einer typischen Kunden-E-Mail hilft, die Sie regelmäßig versenden.

Um Ihre persönlichen Zeitfresser-Fallen zu identifizieren, empfehle ich die folgende Selbstreflexion:

- Welche Ängste oder Bedenken halten Sie davon ab, Copilot sofort produktiv einzusetzen?
- Wo verbringen Sie am meisten Zeit bei der Einarbeitung in neue Technologien?
- Welche Lerngewohnheiten haben sich bei früheren Technologieadoptionen als hinderlich erwiesen?
- Welche konkreten Arbeitsaufgaben würden von einer sofortigen Copilot-Unterstützung am meisten profitieren?

Diese Reflexion bildet die Grundlage für Ihren persönlichen "Anti-Zeitfresser-Plan" für Copilot.

Die Umgehung typischer Lernblockaden bei Copilot erfordert eine bewusste Entscheidung für einen pragmatischen, ergebnisorientierten Lernansatz. Statt sich in der Komplexität zu verlieren, konzentrieren Sie sich auf schnelle Erfolge und kontinuierliche Verbesserung. Die Zeit, die Sie durch diesen strategischen Ansatz sparen, können Sie in die Verfeinerung Ihrer Copilot-Fähigkeiten oder andere wertschöpfende Aktivitäten investieren.

Im nächsten Abschnitt werden wir uns damit beschäftigen, wie Sie das 80/20-Prinzip gezielt auf Copilot anwenden können, um sich auf die wertvollsten Funktionen zu konzentrieren und maximale Ergebnisse mit minimalem Aufwand zu erzielen.

DAS 80/20-PRINZIP FÜR COPILOT ANWENDEN: FOKUS AUF DIE WERTVOLLSTEN FUNKTIONEN LEGEN

Stellen Sie sich vor, Sie besitzen einen komplexen Werkzeugkasten mit hunderten von Spezialwerkzeugen. Bei genauerer Betrachtung würden Sie feststellen, dass Sie tatsächlich nur etwa 20% dieser Werkzeuge für 80% Ihrer täglichen Aufgaben verwenden. Diese Erkenntnis bildet den Kern des Pareto-Prinzips, auch bekannt als die 80/20-Regel, und sie besitzt eine besondere Relevanz für Ihre Arbeit mit Microsoft 365 Copilot.

In meiner langjährigen Beratungstätigkeit habe ich immer wieder beobachtet, wie sich Nutzer in der Fülle von Funktionen verlieren. Sie versuchen, alles gleichzeitig zu lernen, werden überwältigt und geben schließlich frustriert auf. Der entscheidende Wendepunkt kam für viele meiner Klienten, als wir begonnen haben, das 80/20-Prinzip konsequent auf Copilot anzuwenden.

Das Pareto-Prinzip, benannt nach dem italienischen Ökonomen Vilfredo Pareto, besagt, dass etwa 80% der Ergebnisse aus 20% des Aufwands resultieren. Übertragen auf Copilot bedeutet dies: Sie können etwa 80% der produktivitätssteigernden Vorteile erzielen, indem Sie sich auf lediglich 20% der verfügbaren Funktionen konzentrieren.

Diese Einsicht verändert alles. Anstatt sich mit der gesamten Funktionsvielfalt von Copilot zu überfordern, können Sie durch einen gezielten Fokus auf die wertvollsten Funktionen sofort spürbare Produktivitätsgewinne erzielen. Der Schlüssel liegt darin, genau diese 20% zu identifizieren, die für Ihre individuellen Aufgaben den größten Mehrwert bieten.

Basierend auf meiner Erfahrung mit hunderten von Anwendern habe ich beobachtet, dass bestimmte Copilot-Funktionen konsistent die größten Zeitersparnisse und Qualitätsverbesserungen liefern. Ich nenne sie die "Hochleistungs-Hebel" von Copilot:

- **E-Mail-Zusammenfassung**: Die Fähigkeit, lange E-Mail-Verläufe in wenigen Sekunden auf die Kernpunkte zu reduzieren, spart täglich wertvolle Zeit.
- **Erste Entwürfe generieren**: Das schnelle Erstellen von Dokument-Grundgerüsten, die Sie dann verfeinern können, beschleunigt den Schreibprozess erheblich.
- **Meeting-Notizen extrahieren**: Die automatische Erfassung von Schlüsselpunkten und Aktionspunkten aus Besprechungen verbessert die Nachverfolgung.
- **Datenanalyse vereinfachen**: Die Fähigkeit, komplexe Excel-Daten zu erklären und Trends zu identifizieren, macht Datenanalyse zugänglicher.
- **Präsentationen strukturieren**: Die schnelle Erstellung von PowerPoint-Grundgerüsten spart Zeit bei der Präsentationsvorbereitung.

Diese Kernfunktionen bilden die 20%, die für die meisten Nutzer 80% der Produktivitätsgewinne liefern. Natürlich variiert die genaue Zusammensetzung je nach individueller Rolle und spezifischen Arbeitsanforderungen.

Um Ihre persönlichen Hochleistungs-Hebel zu identifizieren, empfehle ich die folgende strukturierte Vorgehensweise:

1. **Zeitaufwands-Analyse durchführen**

   - Dokumentieren Sie über drei Tage hinweg, womit Sie die meiste Zeit verbringen
   - Notieren Sie repetitive Aufgaben, die Sie als besonders zeitraubend empfinden
   - Identifizieren Sie Aufgaben, bei denen Sie sich häufig Unterstützung wünschen

2. **Copilot-Funktionen entsprechend priorisieren**

   - Ordnen Sie jeder Ihrer zeitintensiven Aufgaben passende Copilot-Funktionen zu
   - Konzentrieren Sie sich auf maximal fünf Funktionen, die den größten Zeitanteil adressieren
   - Ignorieren Sie bewusst andere Funktionen, bis Sie diese fünf gemeistert haben

3. **Konzentrierte Lernphase einleiten**

   - Erlernen Sie eine Funktion pro Tag in der ersten Woche
   - Wenden Sie jede erlernte Funktion sofort in Ihrem tatsächlichen Arbeitsalltag an
   - Dokumentieren Sie die Zeitersparnis oder Qualitätsverbesserung pro Funktion

Ein Beispiel aus meiner Beratungspraxis verdeutlicht die Wirksamkeit dieses Ansatzes: Eine Führungskraft in einem Technologieunternehmen identifizierte, dass sie täglich fast zwei Stunden mit dem Lesen und Beantworten von E-Mails verbrachte. Wir konzentrierten uns zunächst ausschließlich auf die E-Mail-Zusammenfassungs- und Antwortgenerierungsfunktionen von Copilot. Nach nur drei Tagen konnte sie ihre tägliche E-Mail-Bearbeitungszeit auf unter 45 Minuten reduzieren, was einer wöchentlichen Zeitersparnis von mehr als sechs Stunden entspricht.

Die Kraft des 80/20-Prinzips liegt in seiner Fähigkeit, Komplexität zu reduzieren und Fokus zu schaffen. Indem Sie sich auf die wenigen Funktionen konzentrieren, die den größten Einfluss haben, können Sie die anfängliche Lernkurve erheblich abflachen und schneller zu messbaren Ergebnissen gelangen.

Zur praktischen Anwendung des 80/20-Prinzips auf Copilot habe ich ein Framework entwickelt, das meinen Klienten hilft, ihre individuellen Hochleistungs-Hebel zu identifizieren und zu priorisieren. Es basiert auf drei Hauptfaktoren:

- **Zeitersparnis**: Welche Funktionen sparen Ihnen die meiste Zeit?
- **Häufigkeit**: Welche Aufgaben führen Sie am häufigsten aus?
- **Komplexitätsreduktion**: Welche Aufgaben empfinden Sie als besonders komplex oder anspruchsvoll?

Die Kombination dieser drei Faktoren hilft Ihnen, genau die Copilot-Funktionen zu identifizieren, die für Sie persönlich den größten Wert bieten. Dabei ist es wichtig zu verstehen, dass Ihre 20% möglicherweise anders aussehen als die Ihrer Kollegen.

Eine Teamleiterin in meinem Beratungskreis erkannte beispielsweise, dass für sie die Meeting-Zusammenfassungsfunktion von Copilot den größten Hebel darstellte, da sie täglich mehrere Stunden in Besprechungen verbrachte. Ihr Kollege aus der Finanzabteilung hingegen profitierte am meisten von den Datenanalyse-Funktionen in Excel. Beide konzentrierten sich zunächst auf ihre persönlichen Hochleistungs-Hebel und erweiterten ihren Funktionsumfang erst später.

Die bewusste Beschränkung auf die wertvollsten 20% der Funktionen erfordert Disziplin. Es ist verführerisch, alle spannenden neuen Features ausprobieren zu wollen. Ich rate meinen Klienten daher, sich einen konkreten Lernplan zu erstellen, der die identifizierten Hochleistungs-Hebel priorisiert und andere Funktionen bewusst auf später verschiebt.

Ein wirkungsvoller Ansatz ist das "3-Wochen-Sprint"-Modell:

- **Woche 1: Fokussierte Einarbeitung**

  - Lernen und Anwenden von zwei bis drei priorisierten Funktionen
  - Tägliche Dokumentation der erzielten Zeitersparnis
  - Anpassung der Prompts und Arbeitsabläufe für optimale Ergebnisse
- **Woche 2: Vertiefung und Optimierung**

  - Verfeinerung der erlernten Funktionen
  - Ergänzung um ein bis zwei weitere priorisierte Funktionen
  - Integration in bestehende Arbeitsabläufe und Routinen
- **Woche 3: Erweiterung und Verankerung**

  - Stabilisierung der Nutzungsgewohnheiten
  - Hinzunahme einer letzten priorisierten Funktion
  - Festigung durch regelmäßige, bewusste Anwendung

Nach diesem dreiwöchigen Sprint haben Sie fünf bis sechs Hochleistungs-Hebel von Copilot sicher in Ihren Arbeitsalltag integriert. Diese bilden nun das solide Fundament, auf dem Sie bei Bedarf aufbauen können.

Die Anwendung des 80/20-Prinzips auf Copilot hat auch Auswirkungen auf die Formulierung Ihrer Prompts. Anstatt komplexe, ausgefeilte Prompts zu schreiben, konzentrieren Sie sich zunächst auf einfache, direkte Anweisungen, die konsistent gute

Ergebnisse liefern. Mit zunehmender Erfahrung können Sie Ihre Prompts verfeinern und anpassen.

Einige Kernprompts, die ich meinen Klienten für den Einstieg empfehle:

- "Fasse diese E-Mail-Konversation in drei Hauptpunkten zusammen."
- "Erstelle eine erste Gliederung für ein Dokument zum Thema [Ihr Thema]."
- "Extrahiere alle Aktionspunkte aus dem Meeting-Transkript und ordne sie den verantwortlichen Personen zu."
- "Erkläre die Daten in dieser Excel-Tabelle in einfachen Worten."
- "Erstelle eine 5-Folien-Struktur für eine Präsentation über [Ihr Thema]."

Diese einfachen Prompts decken bereits einen großen Teil der wertvollsten Funktionen ab und lassen sich leicht an spezifische Situationen anpassen.

Ein weiterer Aspekt des 80/20-Prinzips betrifft die Integration von Copilot in Ihre täglichen Arbeitsabläufe. Anstatt zu versuchen, Copilot in jeden Aspekt Ihrer Arbeit einzubinden, identifizieren Sie zunächst kritische "Einstiegspunkte" - Momente in Ihrem Arbeitstag, an denen Copilot den größten Unterschied machen kann.

Typische Einstiegspunkte, die sich bei meinen Klienten als besonders wertvoll erwiesen haben:

- Der Beginn des Arbeitstages, um E-Mails zu sichten und zu priorisieren
- Die Vorbereitung auf Meetings, um Agenden zu erstellen und Hintergrundinformationen zu sammeln
- Nach Meetings, um Notizen zu strukturieren und Aktionspunkte zu extrahieren

- Beim Start neuer Dokumente oder Präsentationen, um erste Strukturen zu erstellen
- Bei der Analyse von Daten oder Berichten, um schnell Einblicke zu gewinnen

Durch die gezielte Nutzung von Copilot an diesen Schlüsselmomenten maximieren Sie die Wirkung und minimieren gleichzeitig den Lernaufwand.

Die konsequente Anwendung des 80/20-Prinzips auf Copilot führt zu einem selbstverstärkenden Lernzyklus: Sie erzielen schnell spürbare Erfolge, was Ihre Motivation stärkt und Sie dazu ermutigt, weitere Funktionen zu erkunden. Im Gegensatz dazu führt der Versuch, alles auf einmal zu lernen, oft zu Frustration und Aufgabe.

Ein Projektmanager aus einem meiner Workshops berichtete von seiner Erfahrung: "Als ich versuchte, alle Copilot-Funktionen gleichzeitig zu erlernen, war ich nach zwei Tagen frustriert und wollte aufgeben. Als wir dann den 80/20-Ansatz anwendeten und ich mich nur auf die Meeting-Zusammenfassungen und Aktionspunkt-Extraktion konzentrierte, sah ich sofort den Wert. Diese positive Erfahrung hat mich motiviert, schrittweise weitere Funktionen zu erkunden."

Das 80/20-Prinzip bietet auch einen effektiven Rahmen für Teams, die Copilot gemeinsam einführen. Anstatt von allen Teammitgliedern zu erwarten, alle Funktionen zu beherrschen, kann jedes Teammitglied zunächst seine persönlichen Hochleistungs-Hebel identifizieren und sich darauf konzentrieren. Durch regelmäßigen Austausch über erfolgreiche Anwendungsfälle entsteht ein kollektiver Lernprozess, der die gesamte Teamproduktivität steigert.

Die wichtigste Erkenntnis aus der Anwendung des 80/20-Prinzips auf Copilot ist vielleicht diese: Sie müssen nicht alles wissen oder können, um sofort von Copilot zu profitieren. Die bewusste Konzentration auf wenige, hochwertige Funktionen ermöglicht einen schnellen Einstieg und sofortige Produktivitätsgewinne, ohne sich von der Komplexität überwältigen zu lassen.

Mit diesem pragmatischen Ansatz sind Sie nun bestens gerüstet, um Ihren persönlichen Copilot-Weg zu beginnen. Im nächsten Kapitel werden wir uns damit befassen, wie Sie dieses Fundament nutzen können, um Ihren Start mit Copilot zu beschleunigen und von Anfang an produktive Ergebnisse zu erzielen.

1. IHREN COPILOT START BESCHLEUNIGEN: DAS FUNDAMENT FÜR SOFORTIGE PRODUKTIVITÄT LEGEN

Der Sprung ins kalte Wasser kann manchmal die effektivste Methode sein, schwimmen zu lernen. Als ich vor einigen Jahren mit der Implementierung von KI-Tools in deutschen Unternehmen begann, beobachtete ich zwei grundlegend unterschiedliche Herangehensweisen: Die einen planten monatelang den perfekten Einführungsprozess, während die anderen einfach anfingen und durch praktische Erfahrung lernten. Die erfolgreichen Teams gehörten fast immer zur zweiten Gruppe.

Microsoft 365 Copilot bietet Ihnen die Möglichkeit, ähnlich vorzugehen. Statt sich in endlosen Vorbereitungen zu verlieren, können Sie mit den richtigen Grundlagen sofort produktiv einsteigen und Ihre Fähigkeiten parallel zur täglichen Nutzung ausbauen. In diesem Kapitel zeige ich Ihnen genau, wie Sie diesen beschleunigten Start mit Copilot umsetzen.

Die Kunst des effizienten Lernens liegt darin, zwischen unbedingt notwendigem Wissen und Detailkenntnissen zu unterscheiden, die Sie später erwerben können. Unsere Reise beginnt daher mit einem pragmatischen Ansatz: Wir konzentrieren uns auf die Kernelemente, die Sie benötigen, um Copilot sofort gewinnbringend einzusetzen.

Mein Klient Thomas, Abteilungsleiter in einem mittelständischen Fertigungsunternehmen, drückte es treffend aus: "Ich habe nicht die Zeit, jede Funktion zu studieren. Zeig mir, was ich heute brauche, um morgen produktiver zu sein." Diese Einstellung wurde zu unserem Leitprinzip bei der Einführung von Copilot in seinem Team und führte zu einer bemerkenswerten Steigerung der Produktivität innerhalb weniger Tage.

Die Grundstruktur dieses Kapitels folgt der bewährten "Schnellstart-Methode", die ich in zahlreichen deutschen Unternehmen erfolgreich implementiert habe. Sie umfasst vier essentielle Bereiche:

- **Navigation und Benutzeroberfläche**: Wie Sie sich in Copilot zurechtfinden und die wichtigsten Funktionen schnell auffinden
- **Effektive Kommunikation mit der KI**: Wie Sie Ihre ersten Prompts formulieren, um sofort brauchbare Ergebnisse zu erhalten
- **Verständnis der Grundfunktionen**: Wie Copilot Ihre Anfragen verarbeitet und welche Möglichkeiten sich daraus ergeben
- **Datenschutz und Vertrauen**: Wie Sie Copilot sicher und DSGVO-konform in Ihrem Arbeitsalltag einsetzen

Diese vier Säulen bilden das Fundament für Ihre erfolgreiche Nutzung von Copilot. Mit diesem Wissen ausgestattet, werden Sie in der Lage sein, die KI-Unterstützung nahtlos in Ihren Arbeitsalltag zu integrieren und unmittelbare Produktivitätsgewinne zu erzielen.

Ein entscheidender Erfolgsfaktor liegt in der richtigen mentalen Einstellung. Betrachten Sie Copilot nicht als komplexe Technologie, die Sie beherrschen müssen, sondern als hilfsbereiten Assistenten, mit dem Sie zusammenarbeiten. Dieser Perspektivwechsel macht den Einstieg wesentlich einfacher und produktiver.

In meinen Workshops stelle ich oft fest, dass Teilnehmer mit technischem Hintergrund paradoxerweise mehr Schwierigkeiten haben, Copilot effektiv zu nutzen. Sie versuchen, die Technologie vollständig zu verstehen, bevor sie sie anwenden. Teilnehmer ohne technischen Hintergrund hingegen sprechen oft unbefangener mit Copilot und erzielen dadurch schneller brauchbare Ergebnisse. Sie fragen einfach und bekommen Antworten, ohne sich über die komplexen Vorgänge im Hintergrund Gedanken zu machen.

Die Kunst des beschleunigten Starts liegt auch im bewussten Ignorieren bestimmter Aspekte, zumindest zunächst. Ich empfehle meinen Klienten, sich in der Anfangsphase auf folgende Kernaspekte zu konzentrieren:

1. **Schnelle Orientierung statt kompletter Beherrschung**

   - Lernen Sie, wo Sie Copilot in den verschiedenen Microsoft 365-Anwendungen finden
   - Verstehen Sie die grundlegende Struktur der Benutzeroberfläche
   - Identifizieren Sie die wichtigsten Einstiegspunkte für Ihre persönlichen Hauptaufgaben

2. **Effektive Kommunikation statt perfekter Prompts**

   - Beginnen Sie mit einfachen, klaren Anweisungen
   - Experimentieren Sie mit verschiedenen Formulierungen
   - Lernen Sie aus den Ergebnissen und passen Sie Ihre Anfragen entsprechend an

3. **Praktische Anwendung statt theoretisches Wissen**

   - Wenden Sie Copilot sofort auf reale Arbeitsaufgaben an
   - Reflektieren Sie kurz über die Ergebnisse
   - Sammeln Sie Erfolgserlebnisse, die Ihre Motivation stärken

Dieser pragmatische Ansatz hat sich bei meinen Klienten als äußerst effektiv erwiesen. Eine Teamleiterin im Marketing berichtete, dass ihr Team innerhalb von drei Tagen begann, Copilot für die Erstellung von E-Mail-Kampagnen zu nutzen, nachdem sie sich ausschließlich auf diese Kernaspekte konzentriert hatten. Die sofortigen Zeitersparnisse motivierten das Team, weitere Anwendungsmöglichkeiten zu erkunden.

Die erste Hürde, die viele Anwender nehmen müssen, ist die Orientierung in der Copilot-Umgebung. Microsoft hat Copilot bewusst in verschiedene Microsoft 365-Anwendungen integriert, um eine nahtlose Nutzung zu ermöglichen. Dies bedeutet aber auch, dass Sie Copilot an verschiedenen Stellen finden und teilweise unterschiedlich damit interagieren.

Im Verlauf dieses Kapitels werden wir uns genau anschauen, wie Sie Copilot in den wichtigsten Anwendungen aufrufen und nutzen können. Wir beginnen mit einer Übersicht der Benutzeroberfläche, die Ihnen hilft, sich schnell zurechtzufinden und die wichtigsten Funktionen zu identifizieren.

Ein weiterer Schlüsselaspekt des Schnellstarts ist das Verständnis, wie Sie effektiv mit Copilot kommunizieren. Anders als bei traditioneller Software müssen Sie keine Befehle oder Menüs kennen, sondern können in natürlicher Sprache mit dem System interagieren. Diese Interaktion erfolgt über sogenannte "Prompts", also Anweisungen oder Fragen, die Sie an Copilot richten.

Die Kunst des effektiven Promptings ist ein Thema, das wir im Verlauf dieses Buches vertiefen werden. Für den Schnellstart genügt es jedoch, einige grundlegende Prinzipien zu verstehen, die Ihnen helfen, sofort brauchbare Ergebnisse zu erzielen. Wir werden konkrete Beispiele für Prompts in verschiedenen Anwendungsfällen kennenlernen und sehen, wie Sie diese an Ihre spezifischen Bedürfnisse anpassen können.

Ein häufiges Missverständnis bei neuen Anwendern ist die Annahme, dass Copilot perfekte Ergebnisse liefern muss. Ich ermutige meine Klienten stets, Copilot als Ausgangspunkt für ihre Arbeit zu betrachten, nicht als fertige Lösung. Die KI liefert Ihnen einen ersten Entwurf oder eine Grundstruktur, die Sie dann mit

Ihrem Fachwissen und Ihrer Erfahrung anpassen und verfeinern können.

Diese Einstellung führt zu einer produktiven Zusammenarbeit mit der KI. Sie nutzen die Stärken von Copilot, wie schnelle Textgenerierung oder Datenanalyse, während Sie Ihre menschlichen Stärken wie kritisches Denken, Fachwissen und kreative Problemlösung einbringen. Das Ergebnis ist eine Symbiose, die bessere Resultate in kürzerer Zeit liefert.

Um Ihren Start mit Copilot zu beschleunigen, haben wir in diesem Kapitel eine Reihe praktischer Übungen und konkreter Beispiele integriert. Diese sind darauf ausgerichtet, Ihnen sofortige Erfolgserlebnisse zu vermitteln und gleichzeitig Ihr Verständnis der Grundfunktionen zu vertiefen.

Ich empfehle, diese Übungen direkt in Ihrer Microsoft 365-Umgebung durchzuführen. Die praktische Anwendung ist der schnellste Weg, sich mit Copilot vertraut zu machen und ein Gefühl für die Möglichkeiten zu entwickeln, die dieses Tool bietet.

Eine Sorge, die viele meiner Klienten äußern, betrifft den Datenschutz und die Sicherheit beim Einsatz von KI-Tools im Unternehmenskontext. Diese Bedenken sind besonders im deutschen Raum mit seinen strengen Datenschutzregeln verständlich und berechtigt. Im letzten Abschnitt dieses Kapitels werden wir daher ausführlich auf die Sicherheitsmaßnahmen eingehen, die Microsoft implementiert hat, um den sicheren und DSGVO-konformen Einsatz von Copilot zu gewährleisten.

Mit dem Wissen aus diesem Kapitel werden Sie in der Lage sein, Copilot sofort in Ihren Arbeitsalltag zu integrieren und die Grundlagen für eine produktive Nutzung zu legen. Die folgenden Kapitel bauen auf diesem Fundament auf und zeigen Ihnen, wie Sie Copilot in spezifischen Anwendungsbereichen wie E-Mail-Management, Dokumentenerstellung,

Präsentationsgestaltung und Datenanalyse gewinnbringend einsetzen können.

Lassen Sie uns nun eintauchen in die Welt von Microsoft 365 Copilot und gemeinsam den Grundstein für Ihre gesteigerte Produktivität legen.

1.1 Das Copilot Cockpit Navigieren: Ihre Zentrale für KI-Effizienz Einrichten

1.1.1 Ihre Copilot Benutzeroberfläche Beherrschen: Werkzeuge und Optionen Schnell Finden

Die Benutzeroberfläche von Microsoft 365 Copilot gleicht einem modern gestalteten Cockpit, das auf den ersten Blick überwältigend wirken kann, sich aber bei genauerer Betrachtung als intuitiv und durchdacht erweist. Meine erste Begegnung mit diesem KI-Assistenten erinnerte mich an den Moment, als ich zum ersten Mal in einem Flugzeug-Cockpit saß, umgeben von Instrumenten und Anzeigen. Nach kurzer Orientierung wurde jedoch klar, dass jedes Element seinen logischen Platz hat.

Copilot ist keine eigenständige Anwendung, sondern ein integrierter Begleiter innerhalb der Microsoft 365-Umgebung. Diese Integration erfolgt nahtlos über verschiedene Zugangspunkte, die Sie für einen effizienten Einstieg kennen sollten. Als ich mit der Einführung von Copilot in deutschen Unternehmen begann, stellte ich fest, dass gerade dieser erste Orientierungsschritt entscheidend für eine erfolgreiche Nutzung ist.

Der zentrale Einstiegspunkt für viele Anwender ist das Copilot-Symbol, das sich konsistent durch die Microsoft 365-Apps zieht. In neueren Versionen von Word, Excel, PowerPoint und Outlook finden Sie dieses Symbol typischerweise in der oberen rechten Ecke des Bildschirms. Ein Klick öffnet den Copilot-Bereich, der standardmäßig an der rechten Seite erscheint, ähnlich wie bei einem intelligenten Assistenten, der diskret neben Ihnen steht.

Die Microsoft 365 Copilot Chat App bietet einen weiteren wichtigen Zugangspunkt. Diese dedizierte Anwendung erlaubt den Zugriff auf Copilot unabhängig von anderen Microsoft 365-Apps und ist ideal für allgemeine Anfragen oder app-übergreifende

Unterstützung. Sie können die App direkt aus dem Windows-Startmenü, über den Microsoft 365 App Launcher oder unter copilot.microsoft.com aufrufen. Die App erhielt kürzlich ein Update mit neuem Namen und Icon, wie die neuesten Versionshinweise zeigen[7].

In Microsoft Teams findet sich Copilot an prominenter Stelle, was gelegentlich zu versehentlichen Klicks führt[6]. In der neuen Teams-Version befindet sich das Copilot-Symbol in der oberen linken Ecke. Diese Positionierung unterstreicht die zentrale Rolle, die Microsoft der KI-Unterstützung in kollaborativen Umgebungen zuweist.

Die Benutzeroberfläche von Copilot folgt einem konsistenten Muster über alle Anwendungen hinweg, was das Erlernen erheblich erleichtert. Sie besteht aus drei Hauptelementen:

- **Der Eingabebereich:** Ein Textfeld am unteren Rand des Copilot-Bereichs, in das Sie Ihre Prompts eingeben können
- **Der Antwortbereich:** Der zentrale Teil des Bereichs, in dem Copilot seine Antworten anzeigt
- **Funktionstasten:** Optionen zum Neustart der Unterhaltung, Kopieren von Inhalten oder zur Navigation durch frühere Anfragen

Die visuelle Darstellung dieses Bereichs variiert geringfügig zwischen den Anwendungen, bleibt aber in seiner Grundstruktur konsistent. Dies ermöglicht Ihnen, Ihre Copilot-Kenntnisse nahtlos zwischen verschiedenen Apps zu übertragen.

Für eine effiziente Navigation und schnellen Zugriff auf Werkzeuge habe ich mit meinen Kunden einige bewährte Strategien entwickelt:

1. **Tastaturkürzel nutzen**

   - Drücken Sie Alt+C in Word, Excel, PowerPoint und Outlook, um Copilot schnell zu aktivieren

- Verwenden Sie Tab und Pfeiltasten zur Navigation innerhalb des Copilot-Bereichs
- Nutzen Sie Strg+Enter, um Ihre Anfrage abzuschicken

2. **Mit Kontextmenüs arbeiten**

- In Word, PowerPoint und Excel können Sie Text markieren, mit der rechten Maustaste klicken und "Mit Copilot" aus dem Kontextmenü wählen
- Dies ermöglicht kontextbezogene Anfragen, ohne die Hauptarbeitsfläche zu verlassen
- In Excel ist Copilot neuerdings auch direkt über das Zellen-Kontextmenü erreichbar[7]

3. **Copilot-spezifische Symbole kennenlernen**

- Das Wand-Symbol generiert Text oder Inhalte
- Das Frage-Symbol startet eine Konversation mit Copilot über das aktuelle Dokument
- Das Bearbeiten-Symbol ermöglicht die Überarbeitung von Inhalten

Ein Vertriebsleiter aus meiner Beratung, der über 100 E-Mails täglich bearbeitet, beschrieb sein Aha-Erlebnis so: "Als ich entdeckte, dass ich in Outlook einfach eine E-Mail markieren und aus dem Kontextmenü 'Zusammenfassen mit Copilot' wählen kann, sparte ich täglich fast eine Stunde Lesezeit."

Die Copilot-Benutzeroberfläche bietet auch anpassbare Elemente, die Ihren persönlichen Arbeitsablauf optimieren können. In den neuesten Versionen können Sie:

- Ihre Lieblingsanfragen speichern und wiederverwenden[7]
- Die Copilot Prompt Gallery direkt aus den Apps heraus aufrufen
- Zwischen arbeitsbezogenen Daten und webbasierten Informationen wechseln[7]

Diese Anpassungsmöglichkeiten erlauben es Ihnen, Ihren eigenen, optimierten Zugang zu Copilot zu gestalten. Eine Marketing-Managerin beschrieb mir, wie sie eine Sammlung häufig verwendeter Prompts für Kampagnentexte angelegt hat, auf die sie mit einem Klick zugreifen kann.

Eine besonders nützliche Funktion für den Einstieg sind die vorgeschlagenen Beispielanfragen, die Copilot in verschiedenen Kontexten anbietet. Diese dynamischen Vorschläge sind kontextabhängig und geben wertvolle Hinweise auf mögliche Nutzungsszenarien. In Word erscheinen beispielsweise bei leeren Dokumenten sofort anklickbare Beispiel-Prompts, die den Einstieg erleichtern[7].

Die Prompt Gallery hat sich als wertvolles Werkzeug für den effizienten Einstieg erwiesen. Sie bietet eine kuratierte Sammlung von Anfragen, gruppiert nach Anwendungsfällen und Branchen. Die neuesten Updates haben branchenspezifische Sammlungen für gemeinnützige Organisationen, Konsumgüter und Mobilitätsunternehmen hinzugefügt[7]. Sie können die Prompt Gallery über den Link in der Fußzeile des Copilot-Bereichs aufrufen oder direkt unter copilotprompts.microsoft.com.

Für Teams, die gemeinsam mit Copilot arbeiten, bietet die Benutzeroberfläche kollaborative Elemente. Sie können:

- Prompts mit Kollegen teilen[7]
- Prompts direkt an Teams-Teams senden
- Copilot-Antworten in teilbare Seiten umwandeln[7]

Diese Funktionen unterstützen den Wissensaustausch und die kollektive Verbesserung im Umgang mit Copilot. Ein Projektteam in einem meiner Beratungsprojekte richtete wöchentliche 15-minütige "Copilot-Tipps"-Meetings ein, bei denen jedes Teammitglied seine besten Prompts teilte.

Die neue "Agent"-Funktion stellt eine Erweiterung der Benutzeroberfläche dar, die besondere Aufmerksamkeit verdient.

Agents sind spezialisierte Versionen von Copilot, die auf bestimmte Aufgaben oder Wissensgebiete zugeschnitten sind. Sie können:

- Agents mit @-Erwähnungen in Chat-Anwendungen aufrufen[7]
- Ihre Agent-Liste anpassen und neu ordnen[7]
- Konversationsstarter-Prompts verwenden, um schnell mit einem Agent zu beginnen[7]

Die visuelle Integration von Copilot in die verschiedenen Microsoft 365-Anwendungen variiert subtil, folgt aber einem einheitlichen Designprinzip. In Word und PowerPoint erscheint Copilot als seitlicher Bereich, der neben Ihrem Dokument oder Ihrer Präsentation schwebt. In Outlook kann Copilot sowohl innerhalb eines E-Mail-Entwurfs als auch als separater Bereich beim Lesen von E-Mails aufgerufen werden. In Excel integriert sich Copilot kontextsensitiv und kann Ihnen bei der Analyse spezifischer Zellbereiche helfen.

Über die grundlegende Navigation hinaus bietet Copilot fortgeschrittene Interaktionsmöglichkeiten, die Ihre Effizienz steigern können. Dazu gehören:

- Die Möglichkeit, lokale Dateien hochzuladen und in Prompts zu referenzieren[7]
- Die Integration mit Microsoft Designer für die Bildgenerierung[7]
- Der Zugriff auf organisationseigene, brandkonforme Bilder aus SharePoint[7]

Die Benutzeroberfläche von Copilot wurde für verschiedene Eingabeformen optimiert. Sie können:

- Textbasierte Prompts eingeben
- Bilder hochladen und analysieren lassen[7]
- Vorhandene Inhalte markieren und kontextbezogene Aktionen auswählen

Eine Führungskraft, die ich beraten habe, beschrieb ihre Erfahrung so: "Die Möglichkeit, ein Bild von einer handgezeichneten Prozessdiagramm hochzuladen und von Copilot in eine professionelle PowerPoint-Grafik umwandeln zu lassen, hat meine Präsentationsvorbereitung revolutioniert."

Die mobile Copilot-Oberfläche verdient besondere Erwähnung, da immer mehr Arbeit unterwegs erledigt wird. Die Microsoft 365-App für iOS und Android integriert Copilot nahtlos und ermöglicht:

- Den Zugriff auf Microsoft 365 Copilot Chat im Arbeitsmodus[7]
- Das Anzeigen, Bearbeiten und Teilen von Copilot-generierten Seiten[7]
- Die Nutzung der Prompt Gallery direkt auf mobilen Geräten[7]

Diese mobile Integration stellt sicher, dass Ihre Copilot-Fähigkeiten nicht an Ihren Schreibtisch gebunden sind, sondern Sie überallhin begleiten können.

Eine Herausforderung, mit der viele Erstanwender konfrontiert sind, ist die Unterscheidung zwischen verschiedenen Copilot-Modi. In den neuesten Versionen kann Copilot sowohl auf Ihre Arbeitsdaten (über Microsoft Graph) als auch auf webbasierte Informationen zugreifen. Die Benutzeroberfläche bietet jetzt die Möglichkeit, zwischen diesen Modi zu wechseln[7], was die Vielseitigkeit des Tools erhöht, aber auch zusätzliche Navigationselemente einführt.

Die konsistente Verfügbarkeit von Copilot über verschiedene Anwendungen hinweg schafft einen einheitlichen Assistenten, der Ihre gesamte Microsoft 365-Erfahrung bereichert. Diese übergreifende Integration ist ein Schlüsselelement für die effiziente Nutzung, da Sie nicht für jede Anwendung eine neue Benutzeroberfläche erlernen müssen.

Mit diesem grundlegenden Verständnis der Copilot-Benutzeroberfläche sind Sie nun bereit, Ihren ersten Prompt zu formulieren und direkte Ergebnisse zu erhalten. Die Beherrschung der Navigation und das schnelle Auffinden der relevanten Werkzeuge bilden das Fundament für Ihre Reise mit Microsoft 365 Copilot. Im nächsten Abschnitt werden wir uns damit beschäftigen, wie Sie effektive Prompts erstellen, die präzise und nützliche Antworten liefern.

1.1.2 DEN ERSTEN PROMPT ERFOLGREICH FORMULIEREN: DIREKTE ERGEBNISSE VON COPILOT ERHALTEN

Nach der Navigation des Copilot-Cockpits steht Ihnen nun der spannendste Teil bevor: die erste Kommunikation mit Ihrer KI. Der Moment der ersten Interaktion gleicht dem ersten Gespräch mit einem neuen Kollegen. Die Art, wie Sie Ihre Anfrage formulieren, bestimmt maßgeblich die Qualität der Antwort, die Sie erhalten. Als ich zum ersten Mal mit einem Kunden seinen ersten Prompt formulierte, war seine Reaktion auf die sofortigen Ergebnisse bezeichnend: "Warum habe ich das nicht schon früher gemacht?"

Die Kunst des effektiven Promptings ist kein Geheimwissen, sondern eine erlernbare Fertigkeit. Prompts sind im Wesentlichen Ihre Anweisungen oder Fragen an Copilot. Sie können so einfach sein wie "Fasse diese E-Mail zusammen" oder so komplex wie "Analysiere diese Verkaufsdaten für Q1 und erstelle eine Präsentation mit den drei wichtigsten Trends für das Management".

Ein guter Prompt zeichnet sich durch Klarheit, Präzision und Kontext aus. Stellen Sie sich vor, Sie delegieren eine Aufgabe an einen neuen Mitarbeiter. Je klarer Ihre Anweisungen sind, desto besser wird das Ergebnis. Dieselbe Logik gilt für die Kommunikation mit Copilot.

Für Ihren ersten erfolgreichen Prompt empfehle ich eine einfache Drei-Komponenten-Struktur, die sich in meiner Beratungspraxis bewährt hat:

- **Aktion**: Was soll Copilot tun? (z.b. zusammenfassen, erstellen, analysieren)
- **Inhalt**: Womit soll Copilot arbeiten? (z.b. dieses Dokument, diese E-Mail, diese Daten)
- **Format/Umfang**: Wie soll das Ergebnis aussehen? (z.b. in drei Punkten, als Tabelle, in 200 Wörtern)

Ein Beispiel aus meiner Arbeit mit einer Vertriebsleiterin: Statt vage "Hilf mir mit meinem Wochenbericht" zu fragen, formulierte sie präzise: "Erstelle einen Entwurf für meinen wöchentlichen Vertriebsbericht basierend auf den angehängten Daten, mit maximal 5 Kernpunkten und einem Ausblick auf die kommende Woche."

Lassen Sie uns nun praktisch werden und konkrete Prompt-Beispiele für verschiedene Microsoft 365-Anwendungen betrachten:

1. **Für Word**

   - "Erstelle einen ersten Entwurf für ein Projektangebot zum Thema [Ihr Thema], mit Einleitung, drei Hauptabschnitten und Preisübersicht."
   - "Überarbeite den markierten Absatz, um ihn prägnanter und überzeugender zu gestalten."
   - "Formuliere alternative Überschriften für dieses Dokument, die mehr Aufmerksamkeit wecken."

2. **Für Outlook**

   - "Fasse diese E-Mail-Konversation in drei Hauptpunkten zusammen."

- "Erstelle eine höfliche Antwort auf diese Kundenanfrage, die folgende Punkte adressiert: [Ihre Punkte]."
- "Formuliere eine Einladung für ein Projektstarttreffen am [Datum], die alle wesentlichen Informationen enthält."

3. **Für PowerPoint**

- "Erstelle eine Gliederung für eine 10-minütige Präsentation zum Thema [Ihr Thema] mit 5-7 Hauptfolien."
- "Generiere Stichpunkte für die Folie 'Marktanalyse' basierend auf den folgenden Daten: [Ihre Daten]."
- "Schlage visuelle Metaphern vor, die das Konzept [Ihr Konzept] veranschaulichen könnten."

4. **Für Excel**

- "Erkläre die Funktion dieser komplexen Formel in einfachen Worten."
- "Analysiere diese Verkaufsdaten und identifiziere die drei wichtigsten Trends."
- "Schlage Visualisierungen vor, die diese Daten am besten darstellen würden."

Diese Beispiele folgen alle dem grundlegenden Muster: klare Aktion, definierter Inhalt und gewünschtes Format. Sie können diese als Ausgangspunkt nehmen und an Ihre spezifischen Bedürfnisse anpassen.

Die erste Prompting-Erfahrung kann von entscheidender Bedeutung sein. Ich empfehle, mit einer einfachen, aber unmittelbar nützlichen Aufgabe zu beginnen. Eine gute Wahl für den Einstieg ist die Zusammenfassung eines Dokuments oder einer E-Mail. Diese Aufgabe ist:

- Schnell auszuführen und liefert sofortige Resultate

- Leicht zu bewerten - Sie können die Qualität der Zusammenfassung sofort einschätzen
- Unmittelbar nützlich für Ihren Arbeitsalltag

Ein typischer Einsteiger-Prompt könnte lauten: "Fasse dieses Dokument in 5 Hauptpunkten zusammen und hebe die wichtigsten Entscheidungen hervor."

Wenn Sie Ihren ersten Prompt abgeschickt haben, nehmen Sie sich einen Moment Zeit, um die Antwort zu analysieren. War sie hilfreich? Entsprach sie Ihren Erwartungen? Falls nicht, überlegen Sie, wie Sie Ihren Prompt verbessern könnten.

Die Verfeinerung Ihrer Prompts ist ein iterativer Prozess. Wenn die erste Antwort nicht genau das liefert, was Sie benötigen, können Sie:

- Ihren Prompt präzisieren und mehr Details hinzufügen
- Eine spezifischere Anweisung geben
- Copilot bitten, die Antwort in einem anderen Format oder Stil zu präsentieren

Ein Beispiel aus meiner Beratungspraxis zeigt diesen Iterationsprozess:

Erster Prompt: "Erstelle eine Präsentation über unser neues Produkt." Copilot liefert eine allgemeine Gliederung, die nicht spezifisch genug ist.

Verbesserter Prompt: "Erstelle eine 8-Folien-Präsentation über unser neues Produkt XYZ, die folgende Aspekte abdeckt: Hauptvorteile, Zielgruppe, Marktpotenzial und Einführungszeitplan. Die Zielgruppe sind potenzielle Vertriebspartner im deutschen Markt." Copilot liefert nun eine maßgeschneiderte, spezifische Präsentationsstruktur.

Die Qualität Ihrer Prompts verbessert sich mit der Erfahrung. Nach meiner Beobachtung durchlaufen die meisten Anwender drei Phasen der Prompt-Entwicklung:

1. **Basis-Phase**: Einfache, direkte Anfragen wie "Schreibe eine E-Mail" oder "Fasse zusammen"
2. **Kontext-Phase**: Hinzufügen von Details und Kontext, z.B. "Schreibe eine E-Mail an einen Kunden bezüglich Lieferverzögerungen"
3. **Expertise-Phase**: Präzise, nuancierte Anfragen mit spezifischen Parametern, z.b. "Verfasse eine höfliche, aber bestimmte E-Mail an einen wichtigen Kunden bezüglich einer zweiwöchigen Lieferverzögerung, betone unsere Qualitätskontrollen als Grund und biete einen 5% Rabatt als Entschädigung an"

Für den Anfang reicht die Basis-Phase völlig aus. Mit zunehmender Erfahrung werden Sie intuitiv in die fortgeschritteneren Phasen übergehen.

Ein häufiges Missverständnis bei Neueinsteigern ist die Annahme, dass Prompts einer bestimmten "geheimen Formel" folgen müssen. Die Wahrheit ist viel einfacher: Copilot versteht natürliche Sprache. Sprechen Sie mit Copilot, wie Sie mit einem menschlichen Assistenten sprechen würden.

Einige praktische Tipps für erfolgreiche erste Prompts:

- **Spezifisch sein**: "Erstelle eine Zusammenfassung des Q1-Finanzberichts" ist besser als "Erstelle eine Zusammenfassung"
- **Kontext geben**: "In meiner Rolle als Teamleiter muss ich..." hilft Copilot, relevantere Antworten zu generieren
- **Format definieren**: "Präsentiere das Ergebnis als nummerierte Liste" oder "Erstelle eine Tabelle mit zwei Spalten"

- **Ton festlegen**: "Verwende einen professionellen, aber freundlichen Ton" oder "Schreibe in einem knappen, technischen Stil"
- **Fachterminologie nutzen**: Wenn Sie branchenspezifische Begriffe verwenden, wird Copilot diese in seine Antworten integrieren

Die Länge eines Prompts ist weniger wichtig als seine Klarheit. Ein kurzer, präziser Prompt ist oft wirksamer als ein langer, verschachtelter. Denken Sie daran: Qualität schlägt Quantität.

In der Zusammenarbeit mit deutschen Unternehmen habe ich beobachtet, dass besonders im professionellen Kontext die Präzision der Sprache eine wichtige Rolle spielt. Ein Finanzcontroller aus meiner Beratungspraxis formulierte seinen Prompt gezielt mit branchenüblichen Fachbegriffen, was zu einer deutlich relevanteren Antwort führte als eine allgemeine Anfrage.

Ein wichtiger Aspekt, den viele übersehen, ist die Möglichkeit, Copilot um Verbesserungen oder Alternativen zu bitten. Wenn Sie mit dem ersten Ergebnis nicht vollständig zufrieden sind, können Sie:

- "Kannst du das umformulieren, um es überzeugender zu machen?"
- "Bitte generiere eine Alternative im Stil [gewünschter Stil]"
- "Wie würde dasselbe klingen, wenn es an [andere Zielgruppe] gerichtet wäre?"

Diese Nachfragen helfen Copilot, seine Antworten besser auf Ihre Bedürfnisse abzustimmen, und sind ein wesentlicher Teil des interaktiven Prozesses.

Meine Erfahrung zeigt, dass die ersten erfolgreichen Interaktionen mit Copilot oft zu einem "Aha-Moment" führen, wenn Anwender das Potenzial der Technologie erkennen. Eine Marketingmanagerin in einem meiner Workshops war skeptisch, bis sie sah, wie schnell Copilot einen ersten Entwurf für eine Produktbeschreibung generierte. Ihre ungläubige Reaktion: "Das hätte mich normalerweise zwei Stunden gekostet!"

Um Ihnen den Einstieg zu erleichtern, habe ich eine einfache "Erste-Schritte-Übung" entwickelt, die Sie direkt nach dem Lesen dieses Abschnitts ausprobieren können:

1. Öffnen Sie Word und starten Sie Copilot
2. Formulieren Sie einen Prompt basierend auf einer aktuellen Aufgabe, die Sie erledigen müssen
3. Bewerten Sie die Antwort: Was ist gut? Was fehlt? Was würden Sie ändern?
4. Verfeinern Sie Ihren Prompt basierend auf dieser Analyse
5. Vergleichen Sie die neue Antwort mit der ursprünglichen

Diese Übung dauert nur wenige Minuten, vermittelt aber ein praktisches Verständnis des Prompt-Prozesses und liefert idealerweise gleichzeitig ein nützliches Ergebnis für Ihre Arbeit.

Der entscheidende Faktor für erfolgreiche Prompts ist letztlich nicht die perfekte Formulierung, sondern die Bereitschaft, zu experimentieren und zu lernen. Jede Interaktion mit Copilot ist eine Gelegenheit, Ihre Prompt-Fähigkeiten zu verbessern. Mit jedem Prompt entwickeln Sie ein intuitiveres Verständnis dafür, wie Sie mit der KI kommunizieren können, um genau die Ergebnisse zu erhalten, die Sie benötigen.

Diese Lernkurve ist kürzer, als Sie vielleicht erwarten. Nach meiner Erfahrung fühlen sich die meisten Anwender nach etwa 5-10 Interaktionen deutlich sicherer im Umgang mit Copilot. Der Schlüssel liegt darin, mit einfachen, relevanten Aufgaben zu beginnen und schrittweise komplexere Anfragen zu stellen, während Sie lernen, wie Copilot darauf reagiert.

1.2 Die Wichtigsten Copilot-Grundlagen Verstehen: Sicher durch die Kernfunktionen Manövrieren

1.2.1 Copilots Funktionsweise Begreifen: Wie die KI Ihre Anfragen Verarbeitet

Die Magie hinter einer Technologie zu verstehen, verbessert unsere Fähigkeit, sie effektiv einzusetzen. Als ich anfing, mit Microsoft 365 Copilot zu arbeiten, stellte ich fest, dass Anwender, die ein grundlegendes Verständnis der Funktionsweise hatten, deutlich bessere Ergebnisse erzielten. Ein kurzer Blick hinter die Kulissen macht den Unterschied zwischen zufälligen und gezielten Erfolgen mit dieser KI-Technologie.

Microsoft 365 Copilot ist weit mehr als ein einfaches Chatprogramm. Im Kern handelt es sich um ein komplexes Zusammenspiel mehrerer Technologien, die nahtlos zusammenarbeiten, um Ihre Anfragen zu verarbeiten und nützliche Antworten zu generieren. Dieses Verständnis ermöglicht Ihnen, realistischere Erwartungen zu entwickeln und Copilot gezielter einzusetzen.

Die Grundarchitektur von Copilot basiert auf drei Hauptkomponenten, die jede Ihrer Anfragen durchläuft:

- **Große Sprachmodelle (LLMs)**: Dies sind hochentwickelte KI-Algorithmen, die Texte verstehen, zusammenfassen, vorhersagen und generieren können. Copilot nutzt fortschrittliche Modelle wie GPT-4, die auf enormen Datenmengen trainiert wurden.
- **Microsoft Graph**: Diese Technologie fungiert als Verbindungsstück zu Ihren persönlichen Arbeitsdaten wie E-Mails, Dokumenten, Kalendern und Teamchats, sofern Sie die Zugriffsrechte besitzen.

- **Semantische Indizierung**: Eine Technologie, die Informationen nicht nur nach Stichworten, sondern nach ihrem kontextuellen Sinn durchsucht und organisiert.

Wenn Sie eine Anfrage an Copilot stellen, geschieht im Hintergrund eine faszinierende Abfolge von Prozessen in Sekundenbruchteilen. Stellen Sie sich vor, Sie bitten Copilot in Outlook, eine wichtige E-Mail-Korrespondenz zusammenzufassen. Was passiert dann?

1. **Prompt-Analyse**: Zunächst analysiert das System Ihre Anfrage, um zu verstehen, was Sie benötigen. Es erkennt, dass Sie eine Zusammenfassung wünschen, und identifiziert den relevanten E-Mail-Verlauf.

2. **Datenzugriff via Microsoft Graph**: Copilot nutzt Microsoft Graph, um sicher auf die E-Mail-Konversation zuzugreifen, wobei alle Berechtigungen und Sicherheitsrichtlinien Ihrer Organisation respektiert werden.

3. **Kontextanalyse**: Das System verarbeitet den Inhalt der E-Mails, erkennt wichtige Gesprächsthemen, Schlüsselpunkte und die Chronologie der Diskussion.

4. **Generierung durch LLMs**: Die großen Sprachmodelle erstellen nun basierend auf dem Kontext eine kohärente Zusammenfassung, die die wichtigsten Aspekte der Konversation hervorhebt.

5. **Sicherheits- und Compliance-Prüfung**: Bevor die Antwort an Sie zurückgesendet wird, durchläuft sie eine Prüfung gemäß Ihrer Unternehmensrichtlinien.

Dieser mehrschichtige Prozess findet in Echtzeit statt, normalerweise innerhalb weniger Sekunden. Die Schönheit liegt in der nahtlosen Integration dieser komplexen Technologien, die für Sie als Anwender unsichtbar bleiben.

Ein wesentlicher Aspekt, den viele meiner Klienten faszinierend finden, ist die Fähigkeit von Copilot, kontextbezogen zu arbeiten. Anders als allgemeine KI-Chatbots wie ChatGPT oder Bard hat Microsoft 365 Copilot Zugriff auf Ihre Arbeitswelt. Dies ermöglicht personalisierte und relevante Antworten, die direkt mit Ihren aktuellen Projekten, Kommunikationen und Dokumenten verbunden sind.

Nehmen wir ein praktisches Beispiel: In einer Beratung mit einem Projektmanager eines mittelständischen Unternehmens demonstrierte ich, wie Copilot bei der Vorbereitung eines Statusberichts helfen kann. Copilot konnte nicht nur einen Berichtsentwurf erstellen, sondern diesen mit relevanten Daten aus aktuellen Projektdokumenten, E-Mail-Updates und Teambesprechungen anreichern. Der Projektmanager war verblüfft: "Das ist, als hätte ich einen Assistenten, der all meine Projektinformationen kennt!"

Diese Kontextbezogenheit wird durch die "Grounding"-Technologie ermöglicht. Grounding bedeutet, dass Copilot seine Antworten auf tatsächliche Daten und Informationen aus Ihrer Microsoft 365-Umgebung stützt. Wenn Copilot beispielsweise auf eine Frage zu Ihrem aktuellen Projekt antwortet, "erfindet" es keine Informationen, sondern bezieht sich auf vorhandene Projektdokumente, E-Mails und andere relevante Inhalte.

Die Verarbeitung einer Copilot-Anfrage unterscheidet sich je nach Microsoft 365-Anwendung. Bei Word konzentriert sich Copilot primär auf den Inhalt des aktuellen Dokuments, während er bei Outlook E-Mail-Verläufe analysiert. In Teams bezieht er sich auf Chatverläufe oder Meeting-Transkripte. Diese kontextspezifische Intelligenz macht Copilot zu einem vielseitigen Assistenten in verschiedenen Arbeitssituationen.

Ein faszinierender technischer Aspekt, den ich oft in meinen Workshops erläutere, betrifft die Rolle der Transformer-Technologie. Transformer sind die Grundlage moderner Sprachmodelle und revolutionieren die Art und Weise, wie Maschinen menschliche Sprache verstehen. Sie ermöglichen Copilot, komplexe sprachliche Nuancen zu erfassen und kohärente, kontextbezogene Texte zu generieren.

Die Verbindung zwischen Microsoft Graph und den Sprachmodellen bildet das Herzstück der Copilot-Funktionalität. Microsoft Graph fungiert als Ihr digitales Gedächtnis, das Ihre Arbeitsdaten organisiert und zugänglich macht. Die Sprachmodelle bieten die intelligente Verarbeitung, um diese Daten zu interpretieren und sinnvolle Antworten zu generieren. Zusammen bilden sie ein leistungsstarkes Team, das Ihre Produktivität erheblich steigern kann.

Für viele meiner Klienten ist das Verständnis der Datenverwaltung von besonderem Interesse. Ein wichtiger Punkt: Die Sprachmodelle von Copilot werden nicht mit Ihren spezifischen Unternehmensdaten trainiert. Stattdessen verarbeitet Copilot Ihre Daten nur temporär, um auf Ihre Anfragen zu antworten. Dies unterscheidet sich grundlegend von vielen Consumer-KI-Anwendungen und schützt die Vertraulichkeit Ihrer Unternehmensinformationen.

Die semantische Indizierung stellt einen weiteren wichtigen technologischen Fortschritt dar. Traditionelle Suchsysteme arbeiten primär mit Stichworten, während semantische Suchfunktionen den Kontext und die Bedeutung verstehen. Wenn Sie beispielsweise nach "Projektprobleme" suchen, kann eine semantische Suche auch Dokumente finden, die von "Herausforderungen", "Schwierigkeiten" oder "Hindernissen" sprechen, ohne dass diese exakten Begriffe verwendet werden müssen.

In einer Demonstration mit einem Finanzteam zeigte ich, wie Copilot auf die Frage "Wie haben sich unsere Marketingausgaben im letzten Quartal entwickelt?" reagierte. Copilot durchsuchte nicht nur nach dem Begriff "Marketingausgaben", sondern verstand den

Kontext und lieferte relevante Informationen aus Budgetberichten, E-Mail-Diskussionen und Präsentationen, die sich mit diesem Thema befassten, auch wenn sie unterschiedliche Terminologien verwendeten.

Ein weiterer wichtiger Aspekt der Copilot-Funktionsweise betrifft die sogenannten "Prompting-Techniken". Ihre Art, Anfragen zu formulieren, beeinflusst direkt die Qualität der Antworten. Obwohl Copilot natürliche Sprache versteht, folgt er bestimmten Mustern und Erwartungen, die aus seiner Trainingsphase stammen. Wenn Sie diese Muster verstehen und nutzen, können Sie präzisere und nützlichere Antworten erhalten.

Die technischen Grundlagen von Copilot entwickeln sich ständig weiter. Microsoft investiert kontinuierlich in die Verbesserung der zugrundeliegenden Technologien, was regelmäßige Updates und neue Funktionen bedeutet. Als Anwender profitieren Sie von diesen Fortschritten, ohne sich um technische Details kümmern zu müssen.

Was bedeutet dieses technische Verständnis nun praktisch für Ihre tägliche Arbeit mit Copilot? Es hilft Ihnen, realistischere Erwartungen zu entwickeln und die Grenzen von Copilot zu verstehen. Obwohl äußerst leistungsfähig, ist Copilot kein allwissender Assistent. Seine Antworten basieren auf verfügbaren Daten und den gelernten Sprachmustern.

Ein konkretes Beispiel aus meiner Beratungspraxis: Eine Marketingmanagerin war zunächst enttäuscht, als Copilot keine detaillierten Informationen über eine neue Produktlinie liefern konnte. Nach einer kurzen Erklärung der Copilot-Funktionsweise verstand sie, dass die KI nur auf Informationen zugreifen kann, die bereits in ihrem Microsoft 365-Ökosystem verfügbar sind. Dies führte zu einer produktiveren Nutzung, indem sie Copilot gezielt für Aufgaben einsetzte, bei denen relevante Daten vorhanden waren.

Die Intelligenz von Copilot beruht letztlich auf der Kombination von maschinellem Lernen mit Ihren persönlichen Arbeitsdaten. Dies schafft einen äußerst wertvollen Assistenten, der sowohl allgemeines Wissen als auch spezifische Kenntnisse über Ihre Arbeitswelt besitzt. Diese Kombination macht Copilot zu einem einzigartigen Werkzeug in der Landschaft der KI-Assistenten.

Für Ihren erfolgreichen Start mit Copilot genügt dieses grundlegende Verständnis seiner Funktionsweise. Im nächsten Abschnitt werden wir uns mit den Sicherheits- und Datenschutzaspekten befassen, die für viele Unternehmen, besonders im deutschen Markt, von entscheidender Bedeutung sind. Diese Kenntnisse werden Ihnen helfen, Copilot vertrauensvoll und in Übereinstimmung mit Unternehmensrichtlinien einzusetzen.

1.2.2 DATENSCHUTZ UND SICHERHEIT GEWÄHRLEISTEN: COPILOT VERTRAUENSVOLL IM ALLTAG NUTZEN

Vertrauen bildet das Fundament jeder erfolgreichen Technologieeinführung, besonders wenn es um KI-Systeme geht. In meinen Beratungsgesprächen mit deutschen Unternehmen erlebe ich regelmäßig, dass Datenschutz- und Sicherheitsbedenken zu den größten Hürden bei der Einführung von Microsoft 365 Copilot zählen. Diese Bedenken sind nicht nur verständlich, sondern im deutschen Geschäftsumfeld mit seinen strengen Datenschutzrichtlinien und ausgeprägtem Sicherheitsbewusstsein besonders relevant.

Die gute Nachricht vorweg: Microsoft hat bei der Entwicklung von Copilot Datenschutz und Sicherheit von Grund auf mitgedacht. Als Unternehmen, das auf Vertrauen angewiesen ist, weiß Microsoft, dass Copilot nur dann erfolgreich sein kann, wenn Nutzer und Organisationen ihre Daten dort sicher wissen. In diesem Abschnitt zeige ich Ihnen, wie Sie dieses Vertrauensfundament richtig verstehen und Copilot mit gutem Gewissen in Ihren Arbeitsalltag integrieren können.

Grundlegende Sicherheitsprinzipien bilden das Rückgrat von Copilot. Im Gegensatz zu vielen anderen KI-Anwendungen wurde Copilot speziell für Unternehmensumgebungen konzipiert, mit besonderem Augenmerk auf Datenschutz, Compliance und Sicherheit. Ein wichtiges Prinzip dabei: Copilot verarbeitet Ihre Daten, aber trainiert sein Modell nicht mit Ihren Inhalten. Dies stellt einen fundamentalen Unterschied zu vielen Consumer-KI-Anwendungen dar und ist entscheidend für den Schutz sensibler Unternehmensinformationen.

Datenschutz bei Copilot folgt einem klaren Grundsatz: Die Berechtigungsstrukturen Ihrer Organisation bleiben vollständig erhalten. Copilot kann nur auf Daten zugreifen, für die Sie bereits Zugriffsberechtigungen besitzen. Wenn Sie beispielsweise keinen Zugriff auf bestimmte SharePoint-Dokumente haben, kann auch Copilot diese nicht für Sie einsehen oder verarbeiten. Diese Berechtigungsvererbung bildet ein zentrales Sicherheitskonzept und verhindert ungewollte Informationsflüsse.

Ein konkretes Beispiel aus meiner Beratungspraxis verdeutlicht diesen wichtigen Aspekt: Ein mittelständisches Fertigungsunternehmen mit einer Abteilung für sensible Produktentwicklung hatte Bedenken, dass Copilot vertrauliche Entwicklungsdaten für andere Mitarbeiter zugänglich machen könnte. Nachdem wir die Berechtigungsvererbung demonstriert hatten, verstanden sie, dass die bestehenden Sicherheitsstrukturen erhalten bleiben und nur berechtigte Personen über Copilot auf diese Informationen zugreifen können.

Die Datenverarbeitung bei Copilot folgt strengen Richtlinien. Die temporären Daten, die für die Beantwortung Ihrer Anfragen verwendet werden, werden nicht dauerhaft gespeichert oder zur Modellverbesserung genutzt. Microsoft hat hierzu klare Zusagen gemacht, die auch vertraglich in den Datenschutzvereinbarungen verankert sind. Diese Zusagen umfassen:

- **Keine Weitergabe von Kundendaten**: Ihre Daten werden nicht an Dritte weitergegeben oder für andere Zwecke verwendet.
- **Keine Modelltraining mit Kundendaten**: Die KI-Modelle werden nicht mit Ihren spezifischen Daten trainiert.
- **Temporäre Verarbeitung**: Daten werden nur für die Dauer der Anfrageverarbeitung genutzt und nicht dauerhaft gespeichert.
- **Regionale Datenverarbeitung**: Die Verarbeitung erfolgt gemäß den regionalen Compliance-Anforderungen und Datenspeicherungsvorschriften.

Die DSGVO-Konformität stellt für deutsche Unternehmen ein besonders wichtiges Thema dar. Microsoft hat Copilot so konzipiert, dass es den strengen Anforderungen der Datenschutz-Grundverordnung entspricht. Dies umfasst Maßnahmen zur Datenvermeidung, Datenminimierung, Transparenz und Zweckbindung. Als Nutzer von Copilot profitieren Sie von diesen eingebauten Compliance-Mechanismen, müssen aber natürlich auch selbst auf den verantwortungsvollen Umgang mit sensiblen Informationen achten.

Für eine Rechtsanwaltskanzlei, die ich bei der Einführung von Copilot beraten habe, war die DSGVO-Konformität das entscheidende Kriterium. Nach einer gründlichen Prüfung der Datenschutzbestimmungen und technischen Sicherheitsmaßnahmen konnten sie Copilot für nicht-mandantenbezogene Aufgaben einsetzen und erhebliche Zeitersparnisse bei administrativen Tätigkeiten realisieren.

Die Adminsteuerung über Richtlinien bietet Organisationen zusätzliche Sicherheit. IT-Administratoren können genau festlegen, welche Benutzer Zugriff auf Copilot haben, welche Funktionen sie nutzen dürfen und unter welchen Bedingungen. Diese granularen Steuerungsmöglichkeiten umfassen:

1. **Benutzerbasierte Zugriffskontrollen**

   - Festlegung, welche Benutzergruppen Copilot nutzen dürfen
   - Rollenbasierte Zugriffsrechte für verschiedene Copilot-Funktionen
   - Zeitliche Beschränkungen oder kontextabhängige Freigaben

2. **Funktionsbasierte Einschränkungen**

   - Kontrolle darüber, welche Microsoft 365-Anwendungen mit Copilot genutzt werden können
   - Einschränkung bestimmter Funktionen wie Bilderstellung oder Code-Generierung
   - Deaktivierung spezifischer Prompts oder Anwendungsfälle

3. **Datenquellenbeschränkungen**

   - Definition erlaubter Datenquellen für Copilot-Anfragen
   - Ausschluss sensibler Datenrepositorien von der Copilot-Verarbeitung
   - Einschränkung der Nutzung externer oder webbasierter Informationen

4. **Audit- und Compliance-Funktionen**

   - Protokollierung von Copilot-Anfragen und Antworten
   - Nachverfolgung der Nutzungsmuster und Identifikation potenzieller Risiken
   - Integration in bestehende Compliance-Überwachungssysteme

Diese administrativen Kontrollen ermöglichen eine flexible, aber sichere Einführung von Copilot, die an die spezifischen Sicherheitsanforderungen Ihrer Organisation angepasst werden kann.

Praktische Richtlinien für den sicheren Umgang mit Copilot helfen Ihnen, potenzielle Risiken zu minimieren. Basierend auf meiner Erfahrung mit deutschen Unternehmen empfehle ich folgende Best Practices:

- **Sensibilität bei Prompts**: Achten Sie darauf, keine hochsensiblen Informationen wie Passwörter, Kundendaten oder geschützte Geschäftsgeheimnisse in Ihren Anfragen an Copilot preiszugeben.
- **Überprüfung der Ergebnisse**: Sehen Sie Copilot-Antworten immer als Vorschläge an, die Ihrer kritischen Überprüfung bedürfen, besonders bei faktischen oder rechtlich relevanten Inhalten.
- **Unternehmensrichtlinien beachten**: Halten Sie sich an die Nutzungsrichtlinien Ihres Unternehmens und nehmen Sie an Schulungen zur sicheren Nutzung von KI-Tools teil.
- **Interne Klassifizierung beachten**: Berücksichtigen Sie interne Datenklassifizierungen und nutzen Sie Copilot entsprechend dem Vertraulichkeitsgrad der Informationen.

Ein IT-Leiter eines Pharmaunternehmens implementierte basierend auf diesen Empfehlungen ein einfaches Ampelsystem: Grün für unbedenkliche Informationen, die uneingeschränkt mit Copilot genutzt werden können; Gelb für Informationen, die nur unter bestimmten Bedingungen verwendet werden dürfen; und Rot für hochsensible Daten, die nicht in Copilot-Prompts enthalten sein sollten. Dieses intuitive System half den Mitarbeitern, schnelle, aber fundierte Entscheidungen über die angemessene Nutzung von Copilot zu treffen.

Transparenz und Vertrauen durch informierte Nutzung sind entscheidend für eine erfolgreiche Copilot-Einführung. Die offene

Kommunikation über Funktionsweise, Datenschutzmaßnahmen und Sicherheitskontrollen hilft, Bedenken zu adressieren und Vertrauen aufzubauen. Organisationen sollten:

- Mitarbeiter über die Datenschutzgrundlagen von Copilot informieren
- Klare Richtlinien für die angemessene Nutzung kommunizieren
- Einen offenen Dialog über Bedenken und Fragen fördern
- Regelmäßige Updates zu Sicherheitsverbesserungen bereitstellen

Das Konzept des "verantwortungsvollen KI-Einsatzes" sollte dabei im Mittelpunkt stehen. Es geht nicht nur um die technischen Sicherheitsmaßnahmen, sondern auch um einen ethisch vertretbaren und verantwortungsvollen Umgang mit der Technologie.

Meine Erfahrung zeigt, dass eine offene Diskussion über potenzielle Risiken und deren Minimierung das Vertrauen in neue Technologien stärkt. Ein Finanzdienstleister, den ich beraten habe, organisierte monatliche "Copilot-Cafés", in denen Mitarbeiter ihre Erfahrungen, Bedenken und Best Practices austauschen konnten. Diese offene Kommunikationskultur führte zu einer höheren Akzeptanz und sichereren Nutzung der Technologie.

Die kontinuierliche Weiterentwicklung von Sicherheitsfunktionen ist ein weiterer wichtiger Aspekt. Microsoft investiert fortwährend in die Verbesserung der Sicherheits- und Datenschutzfunktionen von Copilot. Als Nutzer profitieren Sie von diesen Fortschritten, sollten aber auch regelmäßig über Updates und neue Funktionen informiert bleiben. Die Microsoft 365 Security & Compliance Center bieten hierfür eine zentrale Anlaufstelle.

Die Einbindung der Rechtsabteilung und Datenschutzbeauftragten in den Einführungsprozess von Copilot hat sich in meinen Projekten als sehr wertvoll erwiesen. Diese Stakeholder können wertvolle Einblicke in organisationsspezifische Compliance-Anforderungen geben und helfen, potenzielle rechtliche Risiken frühzeitig zu identifizieren. Eine frühzeitige Einbindung verhindert spätere Komplikationen und schafft ein solides Fundament für die sichere Nutzung.

Neben den organisatorischen Maßnahmen bietet Microsoft auch technische Funktionen zur Kontrolle sensibler Informationen. Die Integration von Microsoft Purview Information Protection ermöglicht beispielsweise eine automatische Erkennung vertraulicher Informationen und deren Schutz. Diese Technologie kann mit Copilot zusammenarbeiten, um zu verhindern, dass versehentlich sensible Daten in ungeeigneten Kontexten verarbeitet werden.

Die Balance zwischen Sicherheit und Benutzerfreundlichkeit stellt eine zentrale Herausforderung dar. Zu strikte Sicherheitsmaßnahmen können die Produktivitätsvorteile von Copilot einschränken, während zu lockere Kontrollen Risiken bergen. Die Kunst liegt darin, einen angemessenen Mittelweg zu finden, der sowohl die Sicherheitsanforderungen erfüllt als auch eine effiziente Nutzung ermöglicht.

Ein pragmatischer Ansatz, den ich oft empfehle, besteht darin, mit konservativen Einstellungen zu beginnen und diese basierend auf Erfahrungen und Feedback schrittweise anzupassen. Diese iterative Herangehensweise erlaubt es, Sicherheitsrichtlinien kontinuierlich zu optimieren und an die spezifischen Bedürfnisse der Organisation anzupassen.

Mit diesem grundlegenden Verständnis der Datenschutz- und Sicherheitsaspekte von Microsoft 365 Copilot sind Sie nun bestens gerüstet, diese leistungsstarke KI-Technologie vertrauensvoll in Ihren Arbeitsalltag zu integrieren. Die Kombination aus technischen Sicherheitsmaßnahmen seitens Microsoft, organisatorischen Kontrollen durch Ihre IT-Abteilung und Ihrem informierten, verantwortungsvollen Umgang bildet ein solides Fundament für die sichere und produktive Nutzung von Copilot.

Im nächsten Kapitel werden wir uns damit beschäftigen, wie Sie mit Copilot effizienter kommunizieren können, indem wir uns auf die Optimierung von E-Mails und Chats konzentrieren. Sie werden lernen, wie Sie die E-Mail-Flut in Outlook bändigen und Teams-Besprechungen sowie Chats effektiver gestalten können.

2. Effizienter Kommunizieren mit Copilot: E-Mails und Chats Mühelos Managen

Die Kommunikationsflut in der modernen Arbeitswelt stellt für viele Fachkräfte die größte tägliche Herausforderung dar. Eine typische Führungskraft verbringt durchschnittlich 28% ihrer Arbeitszeit mit dem Lesen und Beantworten von E-Mails. Dazu kommen unzählige Chat-Nachrichten, Besprechungen und deren Vor- und Nachbereitung. In meinen Beratungsprojekten höre ich immer wieder dieselbe Klage: "Ich komme nicht mehr zu meiner eigentlichen Arbeit, weil ich ständig kommunizieren muss."

Microsoft 365 Copilot revolutioniert genau diesen Bereich, indem es die Kommunikationslast erheblich reduziert und gleichzeitig die Qualität Ihrer Interaktionen verbessert. In diesem Kapitel zeige ich Ihnen, wie Sie mit Copilot nicht nur Zeit sparen, sondern auch präziser, überzeugender und effizienter kommunizieren können.

Die E-Mail-Kommunikation hat sich seit ihrer Einführung in den 1990er Jahren kaum verändert. Wir verbringen nach wie vor Stunden damit, E-Mails zu lesen, zu filtern, zu sortieren und zu beantworten. Eine Marketing-Direktorin aus meinem Beratungskreis beschrieb ihre morgendliche Routine so: "Ich beginne jeden Tag mit einer Stunde E-Mail-Bearbeitung, nur um auf dem Laufenden zu bleiben. Das ist verlorene Lebenszeit!" Mit Copilot lässt sich diese Zeit drastisch reduzieren, oft auf weniger als die Hälfte.

Chat-basierte Kommunikation in Microsoft Teams hat zwar viele Vorteile gegenüber E-Mails, bringt aber ihre eigenen Herausforderungen mit sich. Die ständige Verfügbarkeit und

Unmittelbarkeit von Chats kann zu Unterbrechungen, Informationsüberflutung und dem Gefühl führen, ständig erreichbar sein zu müssen. Ein Projektleiter berichtete mir: "Manchmal verbringe ich 30 Minuten damit, einen Chat-Verlauf durchzulesen, um zu verstehen, was in meiner Abwesenheit entschieden wurde."

Meetings bilden eine weitere Zeitinvestition, die oft als ineffizient empfunden wird. Die Dokumentation von Besprechungsergebnissen, das Nachverfolgen von Aktionspunkten und die Kommunikation der Entscheidungen an alle Beteiligten stellen zusätzliche Arbeitsschritte dar, die wertvolle Zeit kosten.

Copilot adressiert jede dieser Herausforderungen mit spezifischen Funktionen, die Ihre Kommunikation grundlegend verbessern können:

- **E-Mail-Erstellung und -Optimierung**: Copilot hilft Ihnen, E-Mails schneller zu verfassen, indem es Entwürfe basierend auf minimalen Eingaben generiert und diese an Ihren persönlichen Stil anpasst.
- **E-Mail-Zusammenfassung und -Analyse**: Lange E-Mail-Verläufe werden in Sekundenschnelle auf die wesentlichen Punkte reduziert.
- **Meeting-Dokumentation und -Nachbereitung**: Copilot kann Besprechungsnotizen erstellen, Aktionspunkte extrahieren und Zusammenfassungen für alle Teilnehmer bereitstellen.
- **Chat-Management und -Priorisierung**: Wichtige Informationen aus Chat-Verläufen werden hervorgehoben und können leichter nachverfolgt werden.

Ein Vertriebsleiter eines mittelständischen Unternehmens teilte seine Erfahrung mit mir: "Seit ich Copilot für meine E-Mail-Kommunikation nutze, spare ich täglich fast 90 Minuten. Diese Zeit investiere ich jetzt in direkten Kundenkontakt, was zu einer messbaren Umsatzsteigerung geführt hat." Solche

Zeitgewinne sind keine Seltenheit und demonstrieren den unmittelbaren Mehrwert, den Copilot für Ihre tägliche Kommunikation bieten kann.

Der praktische Wert liegt nicht nur in der Zeitersparnis, sondern auch in der Qualitätsverbesserung Ihrer Kommunikation. Copilot hilft Ihnen, präziser, klarer und überzeugender zu formulieren. Es kann Tonalität anpassen, komplexe Informationen verständlich aufbereiten und sogar kulturelle Nuancen berücksichtigen, wenn Sie mit internationalen Partnern kommunizieren.

Ein häufiges Missverständnis besteht darin, dass Copilot die persönliche Note aus der Kommunikation entfernt. Das Gegenteil ist der Fall: Die KI unterstützt Sie dabei, Ihre eigene Stimme klarer zum Ausdruck zu bringen, indem sie Routineaufgaben übernimmt und Ihnen mehr Raum für die zwischenmenschlichen Aspekte der Kommunikation gibt. Sie behalten stets die volle Kontrolle über den Inhalt und können jederzeit Anpassungen vornehmen.

In diesem Kapitel werden wir uns auf vier zentrale Bereiche konzentrieren, in denen Copilot Ihre Kommunikation optimieren kann:

1. **Schnellere E-Mail-Erstellung**: Wie Sie mit Copilot effektive E-Mails in einem Bruchteil der üblichen Zeit verfassen können.
2. **E-Mail-Zusammenfassung**: Wie Sie lange E-Mail-Verläufe in Sekundenschnelle auf die wesentlichen Informationen reduzieren.
3. **Meeting-Dokumentation**: Wie Copilot Ihnen hilft, Besprechungsergebnisse zu erfassen und nachzuverfolgen.
4. **Chat-Management**: Wie Sie mit Copilot den Überblick über Chat-Kommunikation behalten und effizienter reagieren können.

Der typische Arbeitsalltag einer Fachkraft beginnt oft mit dem Sichten der E-Mails. Mit Copilot kann dieser Prozess dramatisch beschleunigt werden. Stellen Sie sich vor, Sie öffnen Outlook und lassen Copilot zunächst die wichtigsten E-Mails identifizieren und zusammenfassen. Anstatt Dutzende von Nachrichten einzeln zu lesen, erhalten Sie einen prägnanten Überblick über die kritischen Informationen und können sofort fundierte Entscheidungen treffen.

Ein IT-Manager aus meiner Beratungspraxis berichtete von seiner Erfahrung: "Früher brauchte ich jeden Morgen 45 Minuten, um meine E-Mails durchzugehen. Mit Copilot erledige ich das in 15 Minuten und habe einen besseren Überblick." Diese Zeitersparnis summiert sich auf über 10 Stunden pro Monat, die für wertvollere Aufgaben genutzt werden können.

Bei der Beantwortung von E-Mails kommt die wahre Stärke von Copilot zum Tragen. Die KI kann basierend auf minimalen Eingaben vollständige, professionelle Antworten generieren, die perfekt zu Ihrem Kommunikationsstil passen. Sie müssen lediglich die Kernbotschaft formulieren, und Copilot erledigt den Rest. Eine Teamleiterin beschrieb mir den Effekt so: "Ich gebe Copilot die wesentlichen Punkte vor, und es formuliert eine E-Mail, die genau meinen Ton trifft. Nach einer kurzen Überprüfung kann ich sie sofort absenden."

Besonders wertvoll ist Copilot bei der Vorbereitung und Nachbereitung von Meetings. Die KI kann Agenden basierend auf den Teilnehmern und dem Zweck des Meetings erstellen, während des Meetings wichtige Punkte protokollieren und anschließend eine strukturierte Zusammenfassung mit klaren Aktionspunkten generieren. Ein Projektmanager, der diese Funktionen täglich nutzt, sagte mir: "Die automatische Erfassung von Meeting-Ergebnissen durch Copilot hat meine Effizienz um 30% gesteigert und sichergestellt, dass keine wichtigen Details verloren gehen."

Die Integration von Copilot in Ihre Kommunikationsabläufe erfolgt nahtlos und erfordert keine umfassenden Änderungen Ihrer

Arbeitsweise. Die KI passt sich an Ihre bestehenden Prozesse an und ergänzt diese mit intelligenten Funktionen, die Ihren Workflow optimieren. Sie können so klein oder so groß starten, wie es für Sie am besten passt, und die Nutzung von Copilot schrittweise ausbauen.

Die praktischen Beispiele und Anleitungen in diesem Kapitel sind speziell auf die Bedürfnisse und Herausforderungen deutscher Fachkräfte zugeschnitten. Sie werden lernen, wie Sie die richtigen Prompts formulieren, um genau die Unterstützung zu erhalten, die Sie benötigen, und wie Sie die Ergebnisse bei Bedarf verfeinern können.

Ein wichtiger Aspekt, den wir ebenfalls behandeln werden, ist die Integration von Copilot in Teamkontexten. Die KI kann nicht nur Ihre persönliche Kommunikation verbessern, sondern auch die Zusammenarbeit im Team fördern, indem sie für konsistente Informationsflüsse und transparente Dokumentation sorgt.

Die Kommunikationskompetenz ist in der heutigen Arbeitswelt ein entscheidender Erfolgsfaktor. Mit Copilot als Ihrem intelligenten Assistenten können Sie nicht nur effizienter kommunizieren, sondern auch die Qualität Ihrer Interaktionen auf ein neues Niveau heben. In den folgenden Abschnitten werden wir detailliert darauf eingehen, wie Sie dieses Potenzial voll ausschöpfen können.

Lassen Sie uns nun eintauchen in die Welt der Copilot-unterstützten Kommunikation und entdecken, wie Sie die E-Mail-Flut bändigen, aussagekräftige Nachrichten schneller verfassen, Meeting-Ergebnisse automatisch erfassen und Chat-Nachrichten effektiver verwalten können.

2.1 IHRE OUTLOOK-PRODUKTIVITÄT MAXIMIEREN: E-MAIL-FLUT MIT COPILOT BÄNDIGEN

2.1.1 AUSSAGEKRÄFTIGE E-MAILS SCHNELLER ENTWERFEN: COPILOT ALS IHR PERSÖNLICHER SCHREIBASSISTENT

Die tägliche E-Mail-Korrespondenz frisst Zeit, die wir für wichtigere Aufgaben nutzen könnten. Ein durchschnittlicher Büroangestellter verbringt etwa 28% seines Arbeitstages mit dem Verfassen von E-Mails. Als ich bei einem mittelständischen Unternehmen die E-Mail-Gewohnheiten analysierte, stellte ich erstaunt fest, dass einige Führungskräfte bis zu drei Stunden täglich für ihre Korrespondenz aufwendeten. Diese Zeit lässt sich mit Copilot drastisch reduzieren.

Microsoft 365 Copilot verwandelt das E-Mail-Verfassen von einer zeitraubenden Pflicht in einen schnellen, effizienten Prozess. Die KI agiert als Ihr persönlicher Schreibassistent, der Ihre Gedanken aufgreift und in wohlformulierte Nachrichten umwandelt. Statt minutenlang auf eine leere E-Mail zu starren und nach den richtigen Worten zu suchen, können Sie mit wenigen Anweisungen einen professionellen Entwurf generieren.

Während meiner Beratungstätigkeit begegnete mir eine Vertriebsleiterin, die täglich etwa 50 E-Mails beantworten musste. Nach der Einführung von Copilot reduzierte sich ihre E-Mail-Bearbeitungszeit von zwei Stunden auf knapp 40 Minuten täglich. Der Schlüssel zu diesem Produktivitätssprung lag nicht nur in der Zeit, die sie beim Schreiben sparte, sondern auch in der mentalen Entlastung, die sie erlebte.

Die Integration von Copilot in Outlook erfolgt nahtlos über die Benutzeroberfläche. Sie können Copilot auf verschiedene Weisen für das E-Mail-Verfassen aktivieren:

- Klicken Sie auf das Copilot-Symbol in der oberen Menüleiste
- Verwenden Sie das Tastaturkürzel Alt+C
- Öffnen Sie das Kontextmenü mit der rechten Maustaste bei markiertem Text

Diese einfachen Zugangswege ermöglichen es, Copilot genau dann einzusetzen, wenn Sie ihn benötigen, ohne Ihren Arbeitsfluss zu unterbrechen.

Der Einstieg in die E-Mail-Erstellung mit Copilot beginnt mit einem klar formulierten Prompt. Je präziser Ihre Anweisung ist, desto besser wird das Ergebnis. Ein typischer Prompt könnte lauten: "Erstelle eine E-Mail an einen Kunden, der ein Angebot angefragt hat, mit freundlichem Ton und der Bitte um einen Telefontermin nächste Woche." Dieser Prompt enthält alle wesentlichen Elemente, die Copilot für eine relevante Antwort benötigt.

Für verschiedene E-Mail-Szenarien habe ich eine Sammlung effektiver Prompt-Vorlagen entwickelt:

1. **Kundenanfragen beantworten**

   - "Verfasse eine höfliche Antwort auf die Anfrage von [Name] bezüglich [Thema], betone unsere schnelle Lieferzeit und füge einen Link zu unserem Supportbereich ein."
   - "Erstelle eine E-Mail an einen unzufriedenen Kunden, der [Problem] erlebt hat. Zeige Verständnis, biete eine konkrete Lösung an und entschuldige dich für die Unannehmlichkeiten."

2. **Interne Kommunikation**

   - "Schreibe eine kurze Update-E-Mail an mein Team über den aktuellen Projektstand von [Projekt]. Erwähne die erreichten Meilensteine und nächsten Schritte."

- "Erstelle eine Einladung zur monatlichen Abteilungsbesprechung mit Agenda, Zoom-Link und der Bitte um Vorbereitung der Quartalsberichte."

3. **Netzwerken und Beziehungspflege**

  - "Verfasse eine Follow-up-E-Mail nach dem Treffen mit [Name] auf der [Veranstaltung]. Beziehe dich auf unser Gespräch über [Thema] und schlage ein weiteres Treffen vor."
  - "Schreibe eine Dank-E-Mail an [Name] für die Empfehlung, die zu einem neuen Kunden geführt hat. Halte den Ton persönlich und wertschätzend."

Die Stärke von Copilot liegt nicht nur in der schnellen Erstellung von Entwürfen, sondern auch in der Anpassungsfähigkeit an Ihren persönlichen Stil. Ein Teamleiter aus der IT-Branche bemerkte nach wenigen Wochen: "Die von Copilot generierten E-Mails klingen mittlerweile so sehr nach mir, dass meine Kollegen den Unterschied nicht bemerken." Diese Personalisierung entsteht durch kontinuierliches Feedback und gezielte Anweisungen.

Um Copilot an Ihren eigenen Kommunikationsstil anzupassen, verwenden Sie spezifische Stilanweisungen in Ihren Prompts:

- "Verfasse die E-Mail in einem prägnanten, direkten Stil mit kurzen Sätzen."
- "Schreibe in einem warmherzigen, freundlichen Ton, der unsere persönliche Beziehung widerspiegelt."
- "Erstelle eine formelle Nachricht mit entsprechender geschäftlicher Etikette für die Kommunikation mit dem Vorstand."

Die Qualität der durch Copilot erstellten E-Mails hängt maßgeblich von der Kontextinformation ab, die Sie bereitstellen. Je mehr relevante Details Sie in Ihren Prompt einbauen, desto zielgerichteter wird die Antwort. Ein unspezifischer Prompt wie "Schreibe eine E-Mail an einen Kunden" liefert ein generisches

Ergebnis, während "Verfasse eine E-Mail an Frau Schmidt von der XYZ GmbH bezüglich ihrer Anfrage zur Lieferverzögerung unseres Produkts ABC, mit entschuldigendem Ton und einem konkreten neuen Liefertermin am 15. April" zu einer präzisen, situationsgerechten Nachricht führt.

Copilot kann nicht nur neue E-Mails erstellen, sondern auch bei der Beantwortung eingegangener Nachrichten helfen. In diesem Fall analysiert die KI automatisch den Inhalt der ursprünglichen E-Mail und generiert eine kontextbezogene Antwort. Ein Finanzberater berichtete mir, wie er komplexe Kundenanfragen zu Anlageprodukten mithilfe von Copilot binnen Minuten statt Stunden beantworten konnte – mit präzisen, fachlich korrekten Informationen.

Bei der Nutzung von Copilot für E-Mail-Antworten empfehle ich folgende Vorgehensweise:

1. **Analyse der eingegangenen E-Mail**

   - Markieren Sie die zu beantwortende E-Mail
   - Klicken Sie auf "Mit Copilot" im Kontextmenü
   - Bitten Sie zunächst um eine Zusammenfassung der Kernpunkte

2. **Antwort generieren lassen**

   - Formulieren Sie einen klaren Prompt für die Antwort
   - Spezifizieren Sie Ton, Länge und wichtige Inhalte
   - Lassen Sie mehrere Varianten erstellen, wenn Sie unsicher sind

3. **Überprüfung und Feinabstimmung**

   - Lesen Sie den Entwurf kritisch durch
   - Passen Sie persönliche Details und spezifische Informationen an
   - Verfeinern Sie Formulierungen, die nicht Ihrem Stil entsprechen

Ein häufig übersehener Aspekt bei der E-Mail-Erstellung mit Copilot ist die Möglichkeit, bestehende Dokumente oder Informationen einzubeziehen. Sie können beispielsweise Copilot anweisen: "Erstelle eine E-Mail basierend auf den Informationen aus dem Marketing-Dokument, das ich letzte Woche erstellt habe, und adressiere die Hauptpunkte für unser Vertriebsteam." Copilot kann auf Ihre Microsoft 365-Dokumente zugreifen und relevante Informationen extrahieren, sofern Sie die entsprechenden Berechtigungen besitzen.

Die Zeitersparnis beim E-Mail-Verfassen mit Copilot entsteht nicht nur durch die schnelle Erstellung des ersten Entwurfs, sondern auch durch die Reduzierung von Überarbeitungszyklen. Eine Projektmanagerin berichtete, dass sie vor Copilot oft drei oder vier Überarbeitungen benötigte, um mit einer wichtigen Kunden-E-Mail zufrieden zu sein. Mit Copilot war meist nur eine minimale Anpassung nötig, was den Gesamtprozess deutlich beschleunigte.

Für diejenigen, die täglich ähnliche E-Mails verfassen müssen, empfehle ich die Erstellung einer persönlichen Prompt-Bibliothek. Notieren Sie erfolgreiche Prompts, die zu besonders guten Ergebnissen geführt haben, und passen Sie sie für zukünftige ähnliche Szenarien an. Ein Vertriebsleiter in einem meiner Workshops legte eine Sammlung von 15 Kern-Prompts an, die 80% seiner täglichen E-Mail-Kommunikation abdeckten.

Trotz aller Effizienzgewinne bleibt der menschliche Überprüfungs- und Anpassungsschritt unerlässlich. Copilot erzeugt beeindruckende Entwürfe, aber die endgültige Verantwortung für den Inhalt liegt bei Ihnen. Eine kurze, aber aufmerksame Durchsicht verhindert potenzielle Fehler oder Missverständnisse und stellt sicher, dass die E-Mail wirklich Ihre Intention widerspiegelt.

Die Integration von Copilot in Ihren E-Mail-Workflow folgt idealerweise einem dreistufigen Prozess:

- **Phase 1: Exploration und Vertrauensaufbau** Beginnen Sie mit einfachen, risikoarmen E-Mails, um ein Gefühl für Copilots Fähigkeiten zu entwickeln

- **Phase 2: Erweiterung und Optimierung** Nutzen Sie Copilot für komplexere E-Mails und verfeinern Sie Ihre Prompts basierend auf den Ergebnissen

- **Phase 3: Integration und Routine** Machen Sie Copilot zu einem selbstverständlichen Teil Ihrer täglichen Kommunikation für maximale Zeitersparnis

Ein Geschäftsführer eines mittelständischen Unternehmens fasste seine Erfahrung so zusammen: "Copilot hat meine Einstellung zur E-Mail-Kommunikation grundlegend verändert. Was früher ein notwendiges Übel war, ist jetzt ein effizienter Prozess, der mir mehr Zeit für strategische Aufgaben lässt."

Im nächsten Abschnitt werden wir uns damit beschäftigen, wie Copilot lange E-Mail-Verläufe in Sekundenschnelle zusammenfassen kann, sodass Sie den Überblick behalten, ohne wertvolle Zeit zu verlieren.

2.1.2 Lange E-Mail-Verläufe Sofort Zusammenfassen: Den Überblick in Sekunden Gewinnen

Nach einer dreiwöchigen Geschäftsreise zurückzukehren und Hunderte ungelesener E-Mails vorzufinden, kann jeden Profi in Verzweiflung stürzen. In meiner Beratungsarbeit erlebe ich regelmäßig dieses Szenario: Ein Manager kehrt ins Büro zurück und verbringt dann einen ganzen Tag damit, E-Mail-Verläufe durchzuarbeiten, um wichtige Diskussionen nicht zu verpassen. Diese Zeitverschwendung gehört nun der Vergangenheit an, dank einer der wertvollsten Funktionen von Microsoft 365 Copilot: der automatischen Zusammenfassung langer E-Mail-Verläufe.

Die Zusammenfassungsfunktion von Copilot analysiert komplexe E-Mail-Threads in Sekundenschnelle und extrahiert die wichtigsten Informationen. Stellen Sie sich vor, Sie öffnen eine E-Mail-Kette mit 15 Nachrichten, die sich über mehrere Tage erstreckt. Anstatt jede einzelne Nachricht zu lesen, klicken Sie einfach auf "Zusammenfassen" und erhalten sofort einen prägnanten Überblick über die Kernpunkte, offene Fragen und erforderliche Maßnahmen.

Ein Finanzleiter aus einem meiner Workshops berichtete begeistert, wie diese Funktion seinen Montagmorgen transformiert hat. Vorher verbrachte er bis zu zwei Stunden damit, die E-Mail-Aktivitäten vom Wochenende nachzuvollziehen. Mit Copilot reduzierte sich diese Zeit auf unter 20 Minuten, wobei er sogar ein besseres Verständnis der Diskussionen gewann. Die gewonnene Zeit investierte er in die Vorbereitung der Wochenplanung mit seinem Team.

Der Zugriff auf die Zusammenfassungsfunktion erfolgt denkbar einfach. Sie haben mehrere Möglichkeiten, je nachdem, wie Sie Outlook nutzen:

- **Direkt in der E-Mail**: Öffnen Sie eine E-Mail aus einem Thread und klicken Sie auf die Schaltfläche "Zusammenfassen". Copilot analysiert automatisch den gesamten Verlauf.
- **Über den Copilot-Bereich**: Öffnen Sie den Copilot-Bereich in Outlook und geben Sie einen Prompt wie "Fasse diesen E-Mail-Thread zusammen" ein.
- **Mit Rechtsklick**: Markieren Sie eine E-Mail, klicken Sie mit der rechten Maustaste und wählen Sie "Mit Copilot zusammenfassen".

Die Qualität der Zusammenfassungen hat mich von Anfang an beeindruckt. Copilot identifiziert zuverlässig die Hauptthemen, wichtige Entscheidungen und offene Fragen. Besonders praktisch: Wenn die Zusammenfassung auf spezifische Informationen aus bestimmten E-Mails verweist, werden diese mit Nummern zitiert. Ein Klick auf diese Zitation führt Sie direkt zur entsprechenden Ursprungs-E-Mail, falls Sie Details nachlesen möchten.

Die Zusammenfassungsfunktion bietet bemerkenswerte Flexibilität. Mit gezielten Prompts können Sie den Fokus Ihrer Zusammenfassung steuern. Einige Prompt-Beispiele, die ich meinen Klienten empfehle:

- "Fasse diesen E-Mail-Thread zusammen und hebe alle Aktionspunkte für mich hervor."
- "Gib mir einen Überblick über diese Diskussion mit Fokus auf Budgetentscheidungen."
- "Fasse diese Konversation zusammen und liste alle unbeantworteten Fragen auf."
- "Erstelle eine chronologische Zusammenfassung der wichtigsten Ereignisse in diesem Thread."

Eine Produktmanagerin aus der Automobilbranche beschrieb mir, wie sie Copilot nutzt, um E-Mail-Verläufe zu verschiedenen Projekten zusammenzufassen und die Zusammenfassungen in ihre Projektdokumentation zu übernehmen. Dies spart ihr nicht nur Zeit beim Lesen der E-Mails, sondern auch bei der Dokumentation des Projektfortschritts.

Die Fähigkeit von Copilot, den Kontext zu verstehen, macht die Zusammenfassungen besonders wertvoll. Die KI erkennt Zusammenhänge zwischen verschiedenen Nachrichten, identifiziert widersprüchliche Aussagen und behält den roten Faden selbst in komplexen Diskussionen bei. In einer Beratungssituation konnte ich beobachten, wie Copilot einen technischen E-Mail-Austausch zwischen IT-Spezialisten so zusammenfasste, dass auch nicht-technische Stakeholder die Kernprobleme und Lösungsansätze verstehen konnten.

Meine eigene Erfahrung zeigt, dass die Zusammenfassung besonders wertvoll für drei Szenarien ist:

1. **Nach Abwesenheit aufholen**

   - Schneller Überblick über verpasste Diskussionen während Urlaub oder Dienstreisen
   - Identifikation von Themen, die Ihre sofortige Aufmerksamkeit erfordern
   - Priorisierung der weiteren Bearbeitung basierend auf Dringlichkeit

2. **Komplexe Themen erfassen**

   - Konsolidierung von Informationen aus langen, technischen Diskussionen
   - Extrahieren von Schlüsselkonzepten und Entscheidungspunkten
   - Identifikation verschiedener Standpunkte und Argumente

3. **Vorbereitung auf Meetings**

   - Schnelle Rekapitulation vorangegangener Diskussionen vor einem Follow-up-Meeting
   - Zusammenstellung offener Fragen und ungelöster Probleme
   - Sicherstellung, dass alle wichtigen Punkte adressiert werden

Eine interessante Nutzungsvariante entdeckte ein Rechtsanwalt in meiner Beratungspraxis. Er verwendet Copilot, um längere E-Mail-Korrespondenzen mit Mandanten zusammenzufassen und speichert diese Zusammenfassungen in seinem Fall-Management-System. Dies ermöglicht ihm und seinen Kollegen, schnell den Stand komplexer Fälle zu erfassen, ohne durch zahlreiche E-Mails scrollen zu müssen.

Trotz aller Vorteile ist es wichtig, die Zusammenfassungen kritisch zu prüfen. Ich empfehle meinen Klienten stets die "Vertrauensprüfung" bei besonders wichtigen Threads: Lesen Sie die Zusammenfassung, prüfen Sie stichprobenartig einige der

Original-E-Mails und vergewissern Sie sich, dass nichts Wesentliches übersehen wurde. Diese Vorsichtsmaßnahme wird mit zunehmender Erfahrung mit Copilot weniger notwendig, bleibt aber bei kritischen Geschäftsentscheidungen ratsam.

Die Zeitersparnis durch die Zusammenfassungsfunktion summiert sich schnell. Ein Team aus dem Kundenservice berechnete in einem meiner Workshops, dass jeder Mitarbeiter durchschnittlich 45 Minuten täglich sparte, indem er Copilot zur Zusammenfassung komplexer Kundenkorrespondenzen nutzte. Bei einem Team von 15 Personen entspricht dies mehr als 56 Stunden pro Woche, die nun für wertvollere Kundeninteraktionen zur Verfügung stehen.

Für einen noch effizienteren E-Mail-Workflow kombiniere ich die Zusammenfassungsfunktion mit anderen Copilot-Funktionen. Ein besonders effektives Muster sieht so aus:

- Zusammenfassung des E-Mail-Threads mit Copilot
- Identifikation der wichtigsten offenen Punkte oder Fragen
- Nutzung von Copilot zum Erstellen einer präzisen Antwort, die diese Punkte adressiert

Diese Kombination ermöglicht es, selbst komplexe E-Mail-Konversationen in einem Bruchteil der üblichen Zeit zu bearbeiten.

Ein weiterer Vorteil der E-Mail-Zusammenfassung liegt in der verbesserten Informationsweitergabe im Team. Wenn ein Kollege Unterstützung bei einem Thema benötigt, kann ich schnell eine Zusammenfassung des relevanten E-Mail-Verlaufs teilen, anstatt die gesamte Korrespondenz weiterzuleiten. Dies spart auch anderen wertvolle Zeit und reduziert das allgemeine E-Mail-Aufkommen.

Die kognitiven Vorteile dieser Funktion gehen über die reine Zeitersparnis hinaus. Ein Projektleiter bemerkte nach wenigen Wochen mit Copilot, dass er weniger mentale Erschöpfung verspürte. Das ständige Umschalten zwischen Dutzenden von

E-Mails und das Verfolgen komplexer Gedankengänge über multiple Nachrichten hinweg hatte ihn zuvor erheblich belastet. Die konsolidierten Zusammenfassungen reduzierten seine kognitive Last und erlaubten ihm, sich auf das Wesentliche zu konzentrieren.

Die psychologische Entlastung, die entsteht, wenn man nicht mehr unter dem ständigen Druck steht, jede einzelne E-Mail zu lesen, darf nicht unterschätzt werden. Ein Sales Director beschrieb mir diesen Effekt als "Befreiung von der E-Mail-Angst" - der unterschwelligen Sorge, etwas Wichtiges in der Flut von Nachrichten zu übersehen.

Die Zusammenfassungsfunktion von Copilot erweist sich auch als wertvolles Werkzeug für die Dokumentation. Projektmanager in meinen Workshops berichten, dass sie die Zusammenfassungen wichtiger E-Mail-Diskussionen in ihre Projektdokumentation integrieren, um Entscheidungswege nachvollziehbar zu machen. Dies verbessert die Transparenz und reduziert die Zeit für die manuelle Dokumentation erheblich.

Mit wachsender Erfahrung entwickeln viele Anwender ihre eigenen Strategien für die optimale Nutzung der Zusammenfassungsfunktion. Eine Marketing-Direktorin berichtete, dass sie jeden Morgen die wichtigsten E-Mail-Threads der letzten 24 Stunden zusammenfassen lässt, um einen schnellen Überblick zu erhalten, bevor sie in detaillierte Diskussionen einsteigt. Diese "Morning Digest"-Routine ermöglicht ihr einen produktiven Start in den Tag mit klaren Prioritäten.

Die E-Mail-Zusammenfassung spielt auch eine wichtige Rolle bei der Überwindung von Sprachbarrieren in internationalen Teams. Die prägnanten, klar strukturierten Zusammenfassungen sind oft leichter zu verstehen als längere E-Mail-Verläufe, besonders für Nicht-Muttersprachler. Ein globales Team, das ich betreute, nutzte regelmäßig Copilot, um komplexe Diskussionen zwischen deutschen, chinesischen und amerikanischen Teammitgliedern zu konsolidieren und Missverständnisse zu reduzieren.

Im nächsten Abschnitt werden wir untersuchen, wie Copilot Ihnen hilft, Meeting-Ergebnisse automatisch zu erfassen und nachzuverfolgen, damit keine wichtigen Entscheidungen oder Aktionspunkte verloren gehen. Wir werden sehen, wie sich die gleiche Effizienz, die wir bei der E-Mail-Verwaltung erzielt haben, auf die Optimierung von Teams-Besprechungen übertragen lässt.

2.2 Teams-Besprechungen und Chats Optimieren: Copilot für Klare Kommunikation Nutzen

2.2.1 Wichtige Meeting-Ergebnisse Automatisch Erfassen: Copilot Protokolle Erstellen Lassen

Die Dokumentation von Meetings gehört zu den unbeliebtesten Büroaufgaben überhaupt. In meiner Beratungstätigkeit höre ich regelmäßig Klagen über die Zeit, die für das Erstellen von Protokollen aufgewendet werden muss, während gleichzeitig die Bedeutung dieser Dokumentation unbestritten ist. Eine Führungskraft eines mittelständischen Unternehmens schätzte, dass sie wöchentlich mindestens vier Stunden mit der Nachbereitung von Besprechungen verbrachte. Microsoft 365 Copilot revolutioniert diesen Prozess grundlegend.

Die automatische Erfassung von Meeting-Ergebnissen durch Copilot funktioniert überraschend präzise und spart wertvolle Zeit. Während einer Teams-Besprechung kann Copilot im Hintergrund aktiv zuhören, relevante Punkte identifizieren und ein strukturiertes Protokoll erstellen. Diese Fähigkeit basiert auf einer Kombination aus Spracherkennung, semantischer Analyse und kontextuellem Verständnis. Das System erfasst nicht nur gesprochene Wörter, sondern versteht auch deren Bedeutung im Gesprächskontext.

Der Einstieg in die automatische Meeting-Dokumentation mit Copilot gestaltet sich unkompliziert. Sie können Copilot auf verschiedene Weisen für die Protokollerstellung aktivieren:

- **Während des Meetings**: Öffnen Sie den Copilot-Bereich in Teams und geben Sie einen Prompt wie "Erstelle ein Protokoll dieser Besprechung" ein.

- **Nach dem Meeting**: Öffnen Sie die Meeting-Aufzeichnung oder den Chat und bitten Sie Copilot, ein Protokoll zu erstellen.

- **Als geplante Funktion**: Aktivieren Sie in den Meeting-Einstellungen die Option, dass Copilot automatisch ein Protokoll erstellt.

Eine Projektleiterin aus der Automobilindustrie berichtete mir von ihrer Erfahrung: "Früher verbrachte ich nach jedem Meeting 30 Minuten damit, Notizen zu sortieren und ein Protokoll zu erstellen. Mit Copilot erhalte ich innerhalb von Sekunden eine strukturierte Zusammenfassung, die ich nur noch kurz prüfen und anpassen muss. Das spart mir wöchentlich mehrere Stunden."

Die Qualität der von Copilot erstellten Protokolle beeindruckt selbst skeptische Anwender. Die KI strukturiert die Informationen logisch, hebt wichtige Entscheidungen hervor und identifiziert zuverlässig Aktionspunkte sowie Verantwortlichkeiten. Besonders wertvoll: Copilot kann zwischen beiläufigen Kommentaren und tatsächlich relevanten Inhalten unterscheiden, was zu prägnanten, fokussierten Protokollen führt.

Um optimale Ergebnisse zu erzielen, empfehle ich spezifische Prompts, die ich mit meinen Klienten entwickelt habe:

1. **Für strukturierte Zusammenfassungen**

   - "Erstelle ein Protokoll dieser Besprechung mit den Abschnitten: Teilnehmer, besprochene Themen, getroffene Entscheidungen und nächste Schritte."
   - "Fasse diese Besprechung zusammen und formatiere die Aktionspunkte als nummerierte Liste mit zuständigen Personen und Terminen."

2. **Für themenspezifische Protokolle**

   - "Extrahiere aus dieser Besprechung alle Informationen zum Thema Projektbudget und erstelle daraus eine Zusammenfassung."

83

- "Erstelle ein Protokoll mit Fokus auf die diskutierten Risiken und vorgeschlagenen Maßnahmen."

3. **Für Management-Berichte**

- "Erstelle eine Kurzfassung dieser Besprechung für die Geschäftsleitung mit maximal 5 Hauptpunkten."
- "Fasse diese Besprechung in einem Executive Summary zusammen und hebe strategische Entscheidungen hervor."

Die Vorteile dieser automatisierten Protokollerstellung gehen weit über die reine Zeitersparnis hinaus. Ein Abteilungsleiter eines Versicherungsunternehmens teilte mir mit: "Die Qualität unserer Meetings hat sich spürbar verbessert, seit wir Copilot einsetzen. Da alle wissen, dass alle Aussagen im Protokoll landen werden, sind die Diskussionen fokussierter und ergebnisorientierter."

Die Meeting-Dokumentation mit Copilot lässt sich nahtlos in bestehende Arbeitsabläufe integrieren. Die generierten Protokolle können direkt in OneNote-Notizbücher, SharePoint-Seiten oder als Word-Dokumente gespeichert werden. Besonders effizient: Die automatische Verknüpfung von Aktionspunkten mit To-Do-Listen oder Planner-Aufgaben, wodurch der Übergang von der Besprechung zur Umsetzung beschleunigt wird.

Mein Praxistipp: Kombinieren Sie die Protokollfunktion mit der Aufzeichnung des Meetings. Copilot kann dann nicht nur den Inhalt zusammenfassen, sondern auch direkt auf bestimmte Stellen in der Aufzeichnung verweisen. "Ich möchte mehr Details zur Diskussion über das neue Marketingkonzept" führt Sie direkt zur entsprechenden Stelle in der Aufzeichnung, ohne dass Sie das gesamte Meeting erneut anhören müssen.

Die Stärke von Copilot bei der Meeting-Dokumentation liegt auch in seiner Fähigkeit, mehrsprachige Besprechungen zu verarbeiten. In internationalen Teams, wie ich sie oft betreue, werden Meetings häufig auf Englisch geführt, während die Protokolle für lokale Stakeholder auf Deutsch benötigt werden. Copilot übersetzt nicht nur, sondern passt auch kulturelle Nuancen an und sorgt für eine natürliche Sprachausgabe.

Ein bemerkenswerter Anwendungsfall aus meiner Beratungspraxis: Ein Vertriebsteam nutzt Copilot, um Kundengespräche zu dokumentieren. Statt sich während des Gesprächs Notizen zu machen und dadurch abgelenkt zu sein, können sich die Vertriebsmitarbeiter voll auf den Kunden konzentrieren. Nach dem Meeting erstellt Copilot eine strukturierte Zusammenfassung, die direkt ins CRM-System übernommen werden kann.

Die datenschutzrechtlichen Aspekte der Meeting-Aufzeichnung und KI-Analyse sollten nicht vernachlässigt werden. Microsoft hat hierfür robuste Schutzmechanismen implementiert. Die Daten werden gemäß DSGVO-Vorgaben verarbeitet, und Administratoren können präzise steuern, welche Inhalte von Copilot analysiert werden dürfen. Dennoch empfehle ich, zu Beginn jedes Meetings transparent zu kommunizieren, dass eine KI-unterstützte Protokollierung erfolgt.

Für besonders sensible Besprechungen bietet Microsoft die Möglichkeit, bestimmte Abschnitte von der Transkription und Analyse auszuschließen. Ein Finanzvorstand nutzt diese Funktion regelmäßig: "Wenn wir über vertrauliche Unternehmenszahlen sprechen, pausieren wir kurz die Aufzeichnung. So stellen wir sicher, dass keine sensiblen Informationen ungewollt verbreitet werden."

Die Integration von Copilot in den Meeting-Workflow folgt idealerweise einem dreistufigen Prozess:

- **Vor dem Meeting**: Agenda in Teams erstellen und Copilot bitten, relevante Dokumente und frühere Besprechungsnotizen zusammenzufassen

- **Während des Meetings**: Copilot im Hintergrund laufen lassen, um Notizen zu erfassen und bei Bedarf Informationen abzurufen
- **Nach dem Meeting**: Protokoll generieren lassen, prüfen, anpassen und an alle Teilnehmer verteilen

Diese nahtlose Begleitung des gesamten Meeting-Prozesses maximiert die Effizienzgewinne und stellt sicher, dass keine wichtigen Informationen verloren gehen.

Eine bemerkenswerte Entwicklung, die ich bei meinen Klienten beobachte: Mit zunehmender Erfahrung werden die Prompts für die Protokollerstellung immer präziser und die Ergebnisse entsprechend besser. Ein IT-Manager beschrieb den Lernprozess so: "Anfangs erhielt ich generische Zusammenfassungen. Mittlerweile habe ich einen Prompt entwickelt, der genau die Informationen extrahiert, die für unser Team relevant sind, und sie in unserem bevorzugten Format präsentiert."

Die Fähigkeit von Copilot, Meeting-Ergebnisse automatisch zu erfassen, transformiert nicht nur die Art, wie wir Besprechungen dokumentieren, sondern auch, wie wir sie gestalten und nachbereiten. Teams werden entlastet, die Kommunikation wird transparenter, und die Umsetzung von Entscheidungen wird beschleunigt.

Ein häufig übersehener Vorteil ist die verbesserte Nachvollziehbarkeit von Entscheidungsprozessen. Ein Qualitätsmanager eines Pharmaunternehmens berichtete mir: "Bei Audits müssen wir oft nachweisen, wie bestimmte Entscheidungen zustande gekommen sind. Mit den detaillierten Protokollen von Copilot können wir Monate später noch genau rekonstruieren, welche Faktoren bei einer Entscheidung berücksichtigt wurden."

Die psychologische Wirkung automatisierter Protokolle sollte nicht unterschätzt werden. Teilnehmer fühlen sich gehört und ihre Beiträge wertgeschätzt, wenn sie diese später im Protokoll wiederfinden. Dies fördert die aktive Beteiligung und trägt zu einer konstruktiven Meetingkultur bei. Eine Personalentwicklerin beschrieb den Effekt so: "Unsere Teammeetings sind inklusiver geworden, weil jeder weiß, dass sein Input erfasst wird, auch wenn die Diskussion manchmal von dominanteren Charakteren geprägt ist."

Die Zukunft der Meeting-Dokumentation mit Copilot sieht vielversprechend aus. Microsoft arbeitet kontinuierlich an der Verbesserung der Spracherkennung und Kontextanalyse. In kommenden Updates werden wir voraussichtlich noch präzisere Zusammenfassungen und eine noch tiefere Integration in den Microsoft 365-Workflow sehen. Die Vision: Ein vollständig nahtloser Übergang von der Diskussion zur Dokumentation zur Aktion, ohne manuelle Zwischenschritte.

Im nächsten Abschnitt werden wir uns mit einem verwandten Thema befassen: der effizienten Verwaltung von Chat-Nachrichten mit Copilot, um schneller auf das Wesentliche reagieren zu können. Die gleichen Prinzipien der automatisierten Informationsverarbeitung lassen sich auch auf die tägliche Chat-Kommunikation anwenden, mit ebenso beeindruckenden Effizienzgewinnen.

2.2.2 CHAT-NACHRICHTEN EFFEKTIV VERWALTEN: SCHNELLER AUF WESENTLICHES REAGIEREN

Die ständige Flut von Chat-Nachrichten kann schnell überwältigend werden. In einem typischen Arbeitsalltag können Teams-Chats mit Kollegen, Projektgruppen und direkten Nachrichten mehrere hundert Mitteilungen umfassen. Eine Teamleiterin aus dem Marketingbereich gestand mir: "Manchmal öffne ich morgens Teams und finde über 200 ungelesene Nachrichten vor. Bis ich diese durchgearbeitet habe, ist die halbe

Vormittagsproduktivität dahin." Diese Herausforderung nimmt Microsoft 365 Copilot direkt ins Visier.

Copilot transformiert die Art und Weise, wie wir Chat-Kommunikation verarbeiten, indem es Schlüsselinformationen extrahiert, Prioritäten identifiziert und schnelle Reaktionen ermöglicht. Die KI analysiert Chatverläufe, erkennt wichtige Fragen, Entscheidungen und Aktionspunkte und präsentiert diese in übersichtlicher Form. So können Sie in Sekundenschnelle erfassen, worauf Sie reagieren müssen, ohne jeden einzelnen Beitrag zu lesen.

Der Einstieg in die effektive Chat-Verwaltung mit Copilot erfolgt einfach und intuitiv. In Teams öffnen Sie einen Chat oder Kanal und aktivieren Copilot über das entsprechende Symbol in der oberen Leiste. Alternativ können Sie auch in einem aktiven Chat auf "Copilot" klicken oder die Tastenkombination Alt+C verwenden. Schon steht Ihnen der intelligente Assistent zur Verfügung, bereit, die Kommunikationsflut zu bändigen.

Besonders wertvoll ist die Fähigkeit von Copilot, umfangreiche Chatverläufe zu analysieren und die wesentlichen Punkte herauszufiltern. Ein IT-Manager aus meiner Beratungspraxis beschrieb seine Erfahrung so: "Nach einem zweitägigen Workshop kehrte ich zurück und fand einen Teams-Kanal mit über 300 neuen Nachrichten vor. Statt alles durchzulesen, ließ ich Copilot eine Zusammenfassung erstellen und wusste binnen einer Minute, welche Entscheidungen getroffen wurden und welche Fragen noch auf meine Antwort warteten."

Für die optimale Nutzung dieser Funktion empfehle ich gezielte Prompts, die genau die Informationen liefern, die Sie benötigen:

- "Gib mir einen Überblick über die wichtigsten Diskussionspunkte in diesem Chat seit gestern."
- "Identifiziere alle offenen Fragen, die eine Antwort von mir erfordern."

- "Liste alle in diesem Thread getroffenen Entscheidungen auf."
- "Extrahiere alle Aktionspunkte aus diesem Chatverlauf und ordne sie den verantwortlichen Personen zu."

Diese gezielten Anfragen ermöglichen es Copilot, präzise die Informationen zu liefern, die für Sie aktuell relevant sind, ohne Sie mit unwichtigen Details zu überhäufen.

Die Kontextverstehung von Copilot beeindruckt besonders bei fachspezifischen Diskussionen. Die KI erkennt Zusammenhänge zwischen verschiedenen Nachrichten, selbst wenn diese zeitlich auseinanderliegen, und kann komplexe Gesprächsverläufe nachvollziehen. Ein Projektmanager aus der Pharmaindustrie berichtete mir, wie Copilot in der Lage war, technische Diskussionen zwischen Forschern korrekt zusammenzufassen und die relevanten Entscheidungspunkte zu extrahieren, obwohl sich die Diskussion über mehrere Tage erstreckte und viele fachspezifische Begriffe enthielt.

Copilot glänzt auch in der proaktiven Unterstützung bei der Chat-Beantwortung. Wenn eine Frage Ihre Aufmerksamkeit erfordert, kann Copilot Ihnen nicht nur diese Frage präsentieren, sondern auch gleich einen Antwortvorschlag generieren. Dies spart wertvolle Zeit, da Sie nicht bei Null anfangen müssen. Eine Vertriebsleiterin beschrieb mir den Effekt: "Früher brauchte ich oft 10-15 Minuten, um eine fundierte Antwort auf technische Kundenanfragen zu formulieren. Mit Copilots Vorschlägen als Ausgangspunkt sinkt diese Zeit auf etwa 3-5 Minuten."

Die Personalisierung von Antworten erfolgt durch gezielte Prompts wie:

- "Erstelle eine prägnante Antwort auf die Frage von [Name] bezüglich [Thema]."
- "Formuliere eine höfliche Absage für die Anfrage im letzten Beitrag."

- "Generiere eine detaillierte Erklärung zum angesprochenen Thema, die für einen technischen Laien verständlich ist."

Diese Antwortvorschläge können Sie dann nach Bedarf anpassen, ergänzen oder direkt verwenden, je nach Situation und persönlichem Stil.

Ein besonders zeitsparendes Feature ist die Fähigkeit von Copilot, Informationen aus verschiedenen Microsoft 365-Anwendungen in Chat-Antworten zu integrieren. Wenn ein Kollege nach dem Status eines Projekts fragt, kann Copilot relevante Daten aus Ihren Projektdokumenten, Excel-Tabellen oder Outlook-Kalendern extrahieren und in eine kohärente Antwort einbinden. Ein Consultant aus meinem Netzwerk schilderte dies so: "Wenn jemand nach dem aktuellen Stand eines Kundenprojekts fragt, kann Copilot die letzten Meilensteine aus meinem Projektplan, die nächsten Termine aus meinem Kalender und relevante Notizen aus OneNote zusammenführen, ohne dass ich all diese Informationen manuell zusammensuchen muss."

Die praktische Anwendung im Teams-Chat folgt idealerweise diesem dreistufigen Ansatz:

1. **Situationsanalyse mit Copilot**

    - Lassen Sie Copilot den Chatverlauf analysieren und die Kernpunkte identifizieren
    - Fragen Sie nach offenen Punkten, die Ihre Aufmerksamkeit erfordern
    - Lassen Sie priorisierte Aktionspunkte extrahieren
2. **Fokussierte Kommunikation**

    - Nutzen Sie Copilot, um präzise Antworten auf wichtige Fragen zu formulieren
    - Lassen Sie Zusammenfassungen längerer Diskussionen für alle Teilnehmer erstellen
    - Verwenden Sie die KI, um komplexe Informationen verständlich zu erklären

3. Nachverfolgung und Organisation

- Extrahieren Sie mit Copilot Aktionspunkte und Entscheidungen zur Dokumentation
- Lassen Sie regelmäßige Zusammenfassungen längerer Chatverläufe erstellen
- Nutzen Sie die KI zur Erstellung von To-Do-Listen aus Chat-Diskussionen

Eine Teamleiterin aus dem Kundenservice implementierte diesen Ansatz und berichtete von einer Reduzierung der Chat-Bearbeitungszeit um fast 40%. Gleichzeitig stieg die Qualität der Kommunikation, da wichtige Punkte nicht mehr übersehen wurden und Antworten präziser und fundierter ausfielen.

Die Anwendungsmöglichkeiten von Copilot zur Chat-Verwaltung sind vielfältig und lassen sich auf verschiedene Teamkonstellationen anpassen. In großen Teams hilft Copilot, den Überblick über parallel laufende Diskussionen zu behalten. In Projektteams unterstützt es bei der Identifikation und Nachverfolgung von Aktionspunkten. In Support-Teams beschleunigt es die Beantwortung häufiger Fragen durch konsistente, qualitativ hochwertige Antwortvorschläge.

Ein interessanter Nebeneffekt der Copilot-Nutzung in Teams-Chats ist die Verbesserung der allgemeinen Kommunikationskultur. Ein HR-Manager beschrieb mir, wie sein Team begann, präziser und zielorientierter zu kommunizieren, nachdem sie regelmäßig Copilot-Zusammenfassungen ihrer Chats erstellten. Die Erkenntnis, welche Informationen wirklich wichtig sind und welche als "Rauschen" in der Kommunikation verloren gehen, führte zu einer bewussteren und effektiveren Kommunikation im gesamten Team.

Datenschutzaspekte sollten bei der Chat-Analyse nicht außer Acht gelassen werden. Copilot analysiert nur Chats und Kanäle, auf die Sie Zugriffsrechte haben, und respektiert alle in Microsoft Teams implementierten Sicherheits- und Compliance-Einstellungen. Dies stellt sicher, dass vertrauliche Informationen geschützt bleiben und nur berechtigte Personen Zugriff auf bestimmte Kommunikationsinhalte haben.

Die Zeit, die durch effektives Chat-Management mit Copilot eingespart wird, ist beachtlich. Ein mittelständisches Unternehmen in meiner Beratung führte eine Zeiterfassung vor und nach der Einführung von Copilot durch. Das Ergebnis: Die durchschnittliche Zeit, die Mitarbeiter täglich mit der Verarbeitung von Teams-Chats verbrachten, sank von 68 Minuten auf 29 Minuten, eine Reduktion um mehr als 57%. Diese gewonnene Zeit konnte in wertschöpfende Aktivitäten investiert werden.

Die Integration von Copilot in den Teams-Chat-Workflow wird mit zunehmender Erfahrung immer nahtloser. Viele meiner Klienten berichten, dass sie nach einigen Wochen der Nutzung intuitiv wissen, wann und wie sie Copilot am besten einsetzen, um maximale Effizienz zu erzielen. Diese Lernkurve ist relativ steil, sodass selbst technisch weniger versierte Anwender schnell produktive Ergebnisse erzielen können.

Mit den in diesem Kapitel vorgestellten Techniken zur E-Mail- und Chat-Verwaltung haben Sie nun leistungsstarke Werkzeuge an der Hand, um Ihre tägliche Kommunikation erheblich zu optimieren. Im nächsten Kapitel werden wir uns damit beschäftigen, wie Copilot Ihnen hilft, Dokumente und Präsentationen schneller zu erstellen und zu überarbeiten, sodass Sie Ihre Ideen effektiver kommunizieren können.

3. DOKUMENTE UND PRÄSENTATIONEN BESCHLEUNIGEN: INHALTE MIT COPILOT INTELLIGENT ERSTELLEN

Die kreative Erstellung von Dokumenten und Präsentationen verschlingt täglich kostbare Arbeitsstunden. Wie oft haben Sie vor einem leeren Word-Dokument oder einer PowerPoint-Präsentation gesessen und wertvolle Zeit mit dem Nachdenken über die richtige Struktur, Formulierung oder Gestaltung verloren? Diese Herausforderung betrifft nahezu jeden Büroarbeiter, unabhängig von Position oder Branche.

In deutschen Unternehmen fließt ein erheblicher Teil der Arbeitszeit in die Dokumentenerstellung. Nach einer Studie der Bitkom verbringen Fachkräfte durchschnittlich 7,4 Stunden pro Woche mit dem Verfassen von Berichten, Protokollen und Präsentationen. Das sind fast 40 Arbeitstage pro Jahr, die für kreative und strategische Aufgaben fehlen. Microsoft 365 Copilot revolutioniert diesen zeitintensiven Prozess grundlegend.

Meine Beratungserfahrung zeigt, dass die Dokumentenerstellung zu den Tätigkeiten gehört, bei denen Copilot den größten unmittelbaren Mehrwert bietet. Eine Projektleiterin eines mittelständischen Unternehmens drückte es treffend aus: "Was früher einen halben Tag in Anspruch nahm, erledige ich jetzt in unter einer Stunde, mit besseren Ergebnissen und weniger mentalem Aufwand."

Der wahre Durchbruch liegt nicht nur in der Zeitersparnis, sondern auch in der Überwindung der berüchtigten "Angst vor dem leeren

Blatt". Copilot nimmt Ihnen die Startblockade, indem es innerhalb von Sekunden brauchbare erste Entwürfe erstellt, auf denen Sie aufbauen können. Diese psychologische Erleichterung sollte nicht unterschätzt werden. Viele meiner Klienten berichten, dass allein dieser Aspekt ihre Produktivität deutlich gesteigert hat.

Copilot transformiert die Dokumenten- und Präsentationserstellung auf mehreren Ebenen:

- **Schnellere Ersterfassung**: Generierung erster Entwürfe basierend auf minimalen Eingaben
- **Intelligente Umstrukturierung**: Reorganisation und Optimierung bestehender Inhalte
- **Kreative Erweiterung**: Ergänzung eigener Ideen mit passenden Inhalten und Formulierungen
- **Zielgruppengerechte Anpassung**: Umformulierung für verschiedene Leserkreise und Zwecke
- **Visuelle Unterstützung**: Vorschläge für Strukturen, Layouts und Visualisierungen

Diese Fähigkeiten machen Copilot zu einem leistungsstarken Assistenten für die tägliche Dokumenten- und Präsentationsarbeit. Sie bleiben stets in voller Kontrolle über den Inhalt, während die KI die mühsamen und zeitraubenden Aspekte der Erstellung übernimmt.

In Word manifestiert sich diese Transformation besonders deutlich. Eine typische Herausforderung, die mir Führungskräfte immer wieder schildern: das wöchentliche Statusupdate für die Geschäftsleitung. Was früher eine Stunde in Anspruch nahm, wird mit Copilot in 15 Minuten erledigt. Die Führungskraft gibt den Kontext vor, und Copilot erstellt einen strukturierten Berichtsentwurf, der nur noch um spezifische Details ergänzt werden muss.

Die Anwendungsmöglichkeiten in Word sind vielfältig und praxisnah:

1. Erstellung erster Textentwürfe

- Konzeptpapiere und Projektvorschläge basierend auf kurzen Stichpunkten
- Kundenangebote und Produktbeschreibungen aus Kernmerkmalen
- Berichte und Analysen aus vorhandenen Daten und Fakten

2. Transformation bestehender Dokumente

- Umwandlung langer Texte in prägnante Zusammenfassungen
- Neustrukturierung unübersichtlicher Dokumente
- Umformulierung in verschiedenen Stilebenen oder für unterschiedliche Zielgruppen

Eine Marketingleiterin aus meinem Kundenkreis spart wöchentlich über vier Stunden, indem sie Copilot für die Erstellung von Produktbeschreibungen nutzt. Statt jeden Text von Grund auf neu zu schreiben, gibt sie Copilot die Kernmerkmale vor und lässt verschiedene Varianten generieren, die sie dann nur noch anpassen muss.

PowerPoint-Präsentationen stellen eine weitere Zeitfalle dar, die Copilot elegant entschärft. Die Erstellung überzeugender Folien erfordert normalerweise nicht nur inhaltliches Wissen, sondern auch ein gutes Gespür für visuelle Gestaltung und Informationsarchitektur. Hier unterstützt Copilot auf mehreren Ebenen:

- Generierung von Präsentationsstrukturen basierend auf Ihrem Thema
- Umwandlung von Textinhalten in prägnante Stichpunkte
- Vorschläge für visuelle Metaphern und Darstellungsformen
- Erstellung kompletter Folien mit ansprechenden Layouts

Ein Vertriebsleiter eines Technologieunternehmens berichtete mir, dass er dank Copilot seine Kundenpräsentationen in einem Drittel der Zeit erstellen kann. "Früher brauchte ich einen ganzen Tag für eine Kundenpräsentation. Mit Copilot erstelle ich den Grundgerüst in unter einer Stunde und habe mehr Zeit, mich auf die inhaltliche Vorbereitung zu konzentrieren."

Die wahre Stärke von Copilot liegt in seiner Fähigkeit, Ihre individuellen Anforderungen zu verstehen und maßgeschneiderte Inhalte zu erstellen. Je präziser Ihre Anweisungen, desto besser das Ergebnis. Ein effektiver Prompt für ein Dokument könnte lauten: "Erstelle einen ersten Entwurf für ein Projektangebot zum Thema IT-Modernisierung für einen mittelständischen Fertigungsbetrieb. Das Angebot soll eine Einleitung, drei Hauptabschnitte zu den Themen Bestandsaufnahme, Lösungsansatz und Implementierung sowie eine Preisübersicht enthalten."

Ein häufiges Missverständnis besteht darin, dass Copilot perfekte, fertige Dokumente liefern soll. In meiner Beratungspraxis erlebe ich immer wieder, dass Anwender enttäuscht sind, wenn der erste Entwurf nicht ihren exakten Vorstellungen entspricht. Ich empfehle daher, Copilot als kollaborativen Partner zu betrachten, der Ihnen einen soliden Ausgangspunkt liefert, den Sie mit Ihrem Fachwissen und Ihrer persönlichen Note verfeinern.

Die Integration von Copilot in Ihren Dokumenten-Workflow folgt idealerweise diesem dreistufigen Prozess:

1. **Ideenphase**: Nutzen Sie Copilot, um erste Struktur- und Inhaltsvorschläge zu generieren
2. **Erweiterungsphase**: Ergänzen und verfeinern Sie den Entwurf mit Ihrem spezifischen Wissen
3. **Optimierungsphase**: Lassen Sie Copilot den Text polieren, formatieren und auf Konsistenz prüfen

Diese kollaborative Herangehensweise kombiniert die Stärken von Mensch und KI optimal. Sie bringen Ihr Fachwissen, Ihre Erfahrung und Ihre spezifischen Anforderungen ein, während Copilot die sprachliche und strukturelle Umsetzung unterstützt.

Ein weiterer Vorteil liegt in der Konsistenz. Gerade in größeren Teams oder bei umfangreichen Dokumentationen ist es oft schwierig, einen einheitlichen Stil und eine konsistente Struktur zu wahren. Copilot kann hier als Qualitätssicherungsinstrument dienen, indem es verschiedene Textteile harmonisiert und stilistische Inkonsistenzen ausgleicht.

Die Koppelung von Word und PowerPoint über Copilot eröffnet zusätzliche Effizienzpotenziale. Sie können beispielsweise ein umfangreiches Word-Dokument erstellen und Copilot anweisen, daraus eine prägnante PowerPoint-Präsentation zu generieren. Die KI extrahiert die Kernpunkte, strukturiert sie in eine logische Abfolge und bereitet sie visuell ansprechend auf.

In den folgenden Abschnitten werden wir detailliert erkunden, wie Sie diese Potenziale konkret nutzen können. Wir beginnen mit der Erstellung von Dokumenten in Word, wo Sie lernen, wie Sie erste Entwürfe in Rekordzeit generieren und bestehende Dokumente intelligent transformieren können. Anschließend widmen wir uns PowerPoint, wo wir die schnelle Entwicklung von Präsentationsstrukturen und die automatische Generierung von Folieninhalten beleuchten.

Die Techniken, die Sie in diesem Kapitel kennenlernen, gehören zu den unmittelbar wertvollsten Copilot-Anwendungen. Sie werden nicht nur Zeit sparen, sondern auch qualitativ hochwertigere Dokumente und Präsentationen erstellen können. Viele meiner Klienten berichten, dass sie durch die gewonnene Zeit mehr Raum für strategisches Denken, kreative Ideenfindung und persönliche Interaktionen gewonnen haben – Aspekte, die in der digitalen Arbeitswelt zunehmend wichtiger werden.

Lassen Sie uns nun eintauchen in die Welt der intelligenten Dokumenten- und Präsentationserstellung mit Microsoft 365 Copilot und entdecken, wie Sie Ihre kreative Produktivität auf ein neues Niveau heben können.

3.1 WORD-DOKUMENTE REVOLUTIONIEREN: TEXTE SCHNELLER ERSTELLEN UND ÜBERARBEITEN

3.1.1 ERSTE ENTWÜRFE IN REKORDZEIT GENERIEREN: COPILOT TEXTE NACH VORGABE SCHREIBEN LASSEN

Die quälende Erfahrung des leeren Word-Dokuments kennt jeder. Der blinkende Cursor auf der weißen Seite wirkt wie ein stummer Vorwurf, während die Gedanken noch ungeordnet im Kopf kreisen. In meiner Beratungspraxis beobachte ich regelmäßig, wie diese "Angst vor dem leeren Blatt" wertvolle Arbeitszeit verschlingt. Eine Führungskraft eines mittelständischen Unternehmens gestand mir, dass sie manchmal bis zu einer Stunde damit verbringt, den ersten Absatz eines wichtigen Dokuments zu formulieren.

Microsoft 365 Copilot revolutioniert diesen Prozess grundlegend. Statt mühsam die ersten Sätze zu ringen, können Sie innerhalb von Sekunden einen vollständigen ersten Entwurf generieren lassen. Diese Fähigkeit verändert nicht nur Ihre Effizienz, sondern auch Ihren gesamten kreativen Prozess.

Die technische Grundlage für diese Funktionalität bildet die Kombination aus leistungsstarken Sprachmodellen und Ihrem persönlichen Kontext. Copilot greift auf seine umfassende sprachliche Kompetenz zurück und verknüpft diese mit Ihren Inhalten aus dem Microsoft Graph. Das Ergebnis sind Textentwürfe, die sowohl inhaltlich fundiert als auch stilistisch ansprechend sind und perfekt auf Ihre spezifischen Anforderungen zugeschnitten werden können.

Der Einstieg in die Erstellung von Textentwürfen mit Copilot gestaltet sich denkbar einfach. Sie haben verschiedene Möglichkeiten, diese Funktion aufzurufen:

- Öffnen Sie ein neues oder bestehendes Word-Dokument und klicken Sie auf das Copilot-Symbol in der oberen Symbolleiste
- Verwenden Sie die Tastenkombination Alt+C, um den Copilot-Bereich zu öffnen
- Klicken Sie mit der rechten Maustaste auf eine Textstelle und wählen Sie "Mit Copilot" aus dem Kontextmenü

Nach dem Öffnen des Copilot-Bereichs können Sie Ihre Anfrage formulieren, beispielsweise: "Erstelle einen ersten Entwurf für einen Projektvorschlag zur Implementierung eines neuen CRM-Systems." Je präziser Ihre Anweisung ist, desto besser wird das Ergebnis ausfallen.

Die Qualität Ihrer Prompts entscheidet maßgeblich über die Brauchbarkeit der generierten Entwürfe. Ein vager Prompt wie "Schreibe etwas über Kundenbeziehungsmanagement" liefert allgemeine, wenig zielgerichtete Ergebnisse. Spezifische Prompts hingegen führen zu maßgeschneiderten Texten, die direkt verwendet oder mit minimalen Anpassungen finalisiert werden können.

In meinen Workshops empfehle ich das "STAR-Prinzip" für effektive Prompts zur Texterstellung:

- **Spezifikation**: Definieren Sie genau, welche Art von Dokument Sie benötigen (Bericht, Vorschlag, E-Mail, etc.)
- **Thema**: Geben Sie das konkrete Thema oder den Gegenstand des Textes an
- **Ausrichtung**: Nennen Sie Zielgruppe, Zweck und gewünschten Ton des Dokuments
- **Rahmen**: Spezifizieren Sie Umfang, Struktur und besondere Anforderungen

Ein optimierter Prompt könnte also lauten: "Erstelle einen überzeugenden Projektvorschlag (S) zur Implementierung eines neuen CRM-Systems (T) für die Geschäftsleitung eines mittelständischen Fertigungsunternehmens mit technischem Hintergrund (A), der eine Einleitung, Ist-Analyse, Lösungsvorschlag, Zeitplan, Ressourcenplanung und Budgetübersicht umfasst, mit etwa 1000 Wörtern (R)."

Die vielseitigen Anwendungsmöglichkeiten für die Erstellung von Erstenwürfen erstrecken sich über zahlreiche Dokumenttypen:

1. **Geschäftliche Kommunikation**

   - Projektvorschläge und Konzeptpapiere
   - Berichte und Analysen
   - Geschäftspläne und Strategiedokumente

2. **Marketing und Vertrieb**

   - Produktbeschreibungen und Werbetexte
   - Fallstudien und Erfolgsgeschichten
   - Verkaufspräsentationen und Angebote

3. **Interne Dokumente**

   - Richtlinien und Verfahrensanweisungen
   - Schulungsunterlagen und Anleitungen
   - Meeting-Protokolle und Zusammenfassungen

Ein Marketingleiter aus meiner Beratungspraxis berichtete von einer beeindruckenden Zeitersparnis: "Was früher einen halben Tag in Anspruch nahm, erledige ich jetzt in unter einer Stunde. Ich gebe Copilot meine Anforderungen, erhalte einen soliden Entwurf und muss diesen nur noch mit unseren spezifischen Daten und Beispielen anreichern."

Das wahre Potenzial von Copilot entfaltet sich, wenn Sie über die einfache Texterstellung hinausgehen und fortgeschrittene Prompting-Strategien anwenden. Diese ermöglichen es Ihnen, noch präzisere und nützlichere Ergebnisse zu erzielen:

- **Iteratives Prompting**: Beginnen Sie mit einem grundlegenden Entwurf und verfeinern Sie diesen durch gezielte Folgeanfragen
- **Format-Anweisungen**: Spezifizieren Sie das gewünschte Format, wie Überschriften, Aufzählungspunkte oder Tabellen
- **Stil-Vorgaben**: Definieren Sie den Tonfall (formal, freundlich, überzeugend) und die sprachliche Komplexität
- **Perspektiv-Wechsel**: Lassen Sie Texte aus verschiedenen Blickwinkeln oder für unterschiedliche Zielgruppen erstellen

Ein praktisches Beispiel aus meiner Arbeit mit einem Finanzdienstleister zeigt die Kraft des iterativen Promptings. Wir starteten mit einem einfachen Prompt: "Erstelle einen Entwurf für ein Whitepaper über nachhaltige Geldanlagen." Nach Erhalt des ersten Entwurfs folgten gezielte Verfeinerungen: "Füge mehr Statistiken zum deutschen Markt hinzu", "Passe den Ton so an, dass er für konservative Anleger ansprechend ist" und "Strukturiere den Text mit klaren Überschriften und Zwischenüberschriften". Durch diesen iterativen Prozess entstand innerhalb von wenigen Minuten ein hochwertiges Dokument, das nur minimale manuelle Anpassungen erforderte.

Die Integration von Referenzmaterialien verbessert die Qualität der generierten Texte erheblich. Sie können Copilot anweisen, bestimmte Dokumente, Webseiten oder andere Quellen als Grundlage zu verwenden. Ein typischer Prompt könnte lauten: "Erstelle einen Entwurf für eine Kundenpräsentation basierend auf unserem Produktkatalog 2025 und der Marktanalyse vom letzten Quartal." Copilot extrahiert relevante Informationen aus diesen Quellen und integriert sie in einen kohärenten Text.

Der kreative Schreibprozess gewinnt durch Copilot eine neue Dimension. Statt sich durch den mühsamen ersten Entwurf zu quälen, können Sie sofort mit der Verfeinerung und Anpassung beginnen. Diese Verschiebung des Fokus von der initialen

Textproduktion zur Qualitätsverbesserung führt zu besseren Ergebnissen in kürzerer Zeit. Ein Consultant beschrieb mir diesen Effekt: "Copilot hat meine kreative Blockade überwunden. Ich sehe den ersten Entwurf nun als Rohmaterial, das ich forme und verfeinere, nicht als Hindernis, das es zu überwinden gilt."

Die psychologischen Vorteile dieser Arbeitsweise sollten nicht unterschätzt werden. Die Überwindung der "Angst vor dem leeren Blatt" reduziert Stress und fördert eine positive Einstellung zum Schreibprozess. Eine Teamleiterin berichtete: "Seit ich Copilot für meine wöchentlichen Berichte nutze, schiebe ich diese Aufgabe nicht mehr auf. Der emotionale Widerstand ist verschwunden, weil ich weiß, dass ich nicht bei Null anfangen muss."

Für Teams, die gemeinsam an Dokumenten arbeiten, bietet Copilot besondere Vorteile. Der generierte Entwurf dient als gemeinsame Ausgangsbasis, die dann kollaborativ verfeinert werden kann. Dies fördert die Konsistenz und reduziert Missverständnisse. Ein Projektmanager eines internationalen Teams erklärte mir: "Früher hatten wir oft unterschiedliche Vorstellungen davon, wie unser Projektbericht aussehen sollte. Jetzt lassen wir Copilot einen Grundentwurf erstellen, den wir dann gemeinsam anpassen. Das spart nicht nur Zeit, sondern auch zahlreiche Diskussionen."

Die Nutzung von Copilot für Textentwürfe verändert auch Ihre Rolle im Schreibprozess. Sie werden vom Textproduzenten zum Kurator und Redakteur, der die KI-generierten Inhalte prüft, anpasst und verfeinert. Diese Verschiebung erlaubt es Ihnen, sich auf höherwertige Aspekte zu konzentrieren, wie die strategische Ausrichtung, kreative Impulse oder fachliche Expertise, während Copilot die grundlegende Textarbeit übernimmt.

In meinen Workshops zeige ich oft, wie selbst komplexe Dokumente mit Copilot erstellt werden können. Ein beeindruckendes Beispiel war die Erstellung eines umfassenden Geschäftsplans. Mit einer Reihe gezielter Prompts entwickelten wir innerhalb einer Stunde einen vollständigen ersten Entwurf mit

Marktanalyse, Wettbewerbsbetrachtung, Finanzplanung und Umsetzungsstrategie. Die Teilnehmer waren verblüfft, wie schnell und einfach ein Dokument entstand, für das sie normalerweise Tage benötigt hätten.

Trotz aller Effizienzgewinne bleibt Ihr Fachwissen und Ihre kritische Beurteilung unerlässlich. Die von Copilot generierten Texte basieren auf allgemeinen Sprachmustern und müssen stets auf fachliche Korrektheit und Relevanz geprüft werden. Ich rate meinen Klienten, Copilot als Assistenten zu betrachten, nicht als Ersatz für ihr eigenes Wissen und ihre Expertise. Der optimale Workflow kombiniert die Effizienz der KI mit Ihrem Fachwissen und Ihrer Erfahrung.

Die kontinuierliche Verbesserung Ihrer Prompting-Fähigkeiten zahlt sich direkt in der Qualität der generierten Texte aus. Mit wachsender Erfahrung werden Sie immer besser darin, präzise Anweisungen zu formulieren, die genau die Texte erzeugen, die Sie benötigen. Diese Fähigkeit entwickelt sich zur wichtigen beruflichen Kompetenz in der KI-gestützten Arbeitswelt.

Im nächsten Abschnitt werden wir uns damit beschäftigen, wie Sie bestehende Dokumente mit Copilot intelligent transformieren können, um deren Wert und Nutzen zu maximieren. Diese Funktion ergänzt die Erstellung von Erstenwürfen perfekt und rundet Ihr Toolkit für die effiziente Dokumentenerstellung ab.

3.1.2 BESTEHENDE DOKUMENTE INTELLIGENT TRANSFORMIEREN: INHALTE ZUSAMMENFASSEN UND UMFORMULIEREN

Stellen Sie sich vor, Sie haben ein 30-seitiges Whitepaper vor sich, das Sie für eine Präsentation auf fünf Seiten verdichten müssen. Oder ein technisches Dokument, das für Laien verständlich gemacht werden soll. Vielleicht auch einen Projektbericht, der für verschiedene Stakeholder unterschiedlich aufbereitet werden muss. Diese Aufgaben kosteten bisher wertvolle Arbeitsstunden und erhebliche mentale Energie. Mit Microsoft 365 Copilot gehören diese Herausforderungen der Vergangenheit an.

Die Transformation bestehender Dokumente zählt zu den beeindruckendsten Fähigkeiten von Copilot in Word. Während wir im vorherigen Abschnitt gesehen haben, wie Copilot bei der Erstellung neuer Inhalte hilft, konzentrieren wir uns nun darauf, wie es vorhandene Texte intelligent umgestaltet. Diese Funktion spart nicht nur Zeit, sondern verbessert oft auch die Qualität und Zugänglichkeit Ihrer Dokumente.

Ein Finanzcontroller aus meinem Beratungskreis berichtete von einer typischen Situation: "Jeden Monat musste ich einen 40-seitigen Finanzbericht für verschiedene Abteilungen unterschiedlich aufbereiten. Mit Copilot reduziere ich diese Arbeit von zwei Tagen auf wenige Stunden, mit besseren Ergebnissen." Diese Zeiteinsparung multipliziert sich über das Jahr und setzt wertvolle Ressourcen für strategische Aufgaben frei.

Die Zugangswege zu den Transformationsfunktionen sind vielfältig und flexibel:

- **Via Copilot-Bereich**: Öffnen Sie den Copilot-Bereich in Word und geben Sie einen spezifischen Transformationsbefehl ein
- **Kontextmenü-Integration**: Markieren Sie Text, klicken Sie mit der rechten Maustaste und wählen Sie "Mit Copilot" für kontextbezogene Optionen
- **Über die Registerkarte "Start"**: Nutzen Sie die Copilot-Funktionen direkt über die Hauptmenüleiste in Word

Die Vielseitigkeit der Dokumententransformation mit Copilot beeindruckt besonders in fünf Kernbereichen:

1. **Zusammenfassung langer Texte**

- Komprimieren Sie umfangreiche Dokumente auf die wesentlichen Kernpunkte
- Erstellen Sie Executive Summaries mit wählbarem Detailgrad
- Extrahieren Sie die wichtigsten Informationen aus komplexen Inhalten

2. **Stilistische Umformulierung**

- Wandeln Sie technische Dokumente in allgemeinverständliche Texte um
- Passen Sie den Ton an verschiedene Zielgruppen an (formal, freundlich, technisch)
- Verbessern Sie die Lesbarkeit und Klarheit bestehender Texte

3. **Strukturelle Reorganisation**

- Organisieren Sie unstrukturierte Dokumente in logische Abschnitte
- Fügen Sie übersichtliche Gliederungen und Zwischenüberschriften hinzu
- Transformieren Sie Fließtext in Aufzählungen oder Tabellen für bessere Übersichtlichkeit

4. **Inhaltsanreicherung**

- Ergänzen Sie Dokumente um relevante Daten, Beispiele oder Erklärungen
- Fügen Sie Definitionen für Fachbegriffe hinzu
- Erweitern Sie knappe Texte zu umfassenderen Erläuterungen

5. **Format- und Sprachanpassung**

- Konvertieren Sie zwischen verschiedenen Dokumentformaten (Essay, Bericht, Briefing)
- Übersetzen und lokalisieren Sie Inhalte für internationale Zielgruppen
- Passen Sie die Sprache an unterschiedliche Formalisierungsgrade an

Ein Marketingleiter eines mittelständischen Unternehmens berichtete mir von seiner Erfahrung: "Ich hatte ein technisches Whitepaper unserer Entwicklungsabteilung, das für unsere Marketingkommunikation völlig ungeeignet war. Mit Copilot konnte ich es in Minuten in verständliche Kundensprache umwandeln und als Grundlage für unsere Kampagne nutzen."

Die Prompting-Technik spielt bei der Dokumententransformation eine entscheidende Rolle. Je präziser Ihre Anweisungen, desto besser das Ergebnis. Ich empfehle das "TARGET"-Framework für optimale Transformations-Prompts:

- **Typ der Transformation**: Definieren Sie genau, welche Art von Umwandlung Sie benötigen (Zusammenfassung, Umformulierung, etc.)
- **Absicht/Ziel**: Erklären Sie, wozu das transformierte Dokument dienen soll
- **Rahmenbedingungen**: Geben Sie Umfang, Format und stilistische Vorgaben an
- **Gruppe (Zielgruppe)**: Spezifizieren Sie, für wen der Text bestimmt ist
- **Einschränkungen**: Nennen Sie besondere Anforderungen oder Einschränkungen
- **Ton und Stil**: Definieren Sie die gewünschte Tonalität und Stilistik

Ein Beispiel für einen effektiven Prompt nach diesem Muster: "Fasse diesen Projektbericht (T) für eine Executive-Präsentation (A) in maximal drei Seiten (R) für die Geschäftsleitung (G) zusammen. Behalte alle wichtigen Finanzdaten und Meilensteine bei (E) und verwende einen sachlichen, direkten Ton (T)."

Fortgeschrittene Anwender kombinieren mehrere Transformationen in einem iterativen Prozess. Eine Juristin aus meiner Beratungspraxis nutzt Copilot, um juristische Texte erst zusammenzufassen, dann in leicht verständliche Sprache zu übersetzen und schließlich in ein Beratungsmemo umzuwandeln.

Dieser mehrstufige Prozess erzeugt hochwertige, maßgeschneiderte Dokumente in einem Bruchteil der sonst erforderlichen Zeit.

Die Qualitätssicherung bleibt trotz aller KI-Unterstützung ein wichtiger menschlicher Beitrag. Ich empfehle meinen Klienten, transformierte Texte immer kritisch zu prüfen und besonders auf diese Aspekte zu achten:

- Faktische Korrektheit der Zusammenfassungen oder Umformulierungen
- Vollständigkeit aller wichtigen Informationen
- Konsistenz in Stil, Tonalität und Terminologie
- Angemessenheit für die Zielgruppe und den Verwendungszweck

Ein praktisches Anwendungsbeispiel verdeutlicht das Potenzial: Ein Projektmanager aus der Automobilbranche nutzte Copilot, um einen 80-seitigen technischen Anforderungskatalog in drei verschiedene Versionen zu transformieren: eine Kurzfassung für das Management, eine detaillierte Version für das Entwicklungsteam und eine allgemeinverständliche Variante für den Kundendialog. Was früher Tage in Anspruch nahm, erledigte er nun mit Copilot in etwa zwei Stunden.

Die Fähigkeit, verschiedene Transformationsarten zu kombinieren, eröffnet neue Möglichkeiten der Dokumentenbearbeitung. Eine Personalreferentin berichtete mir, wie sie mit Copilot ihre internen Richtlinien umgestaltete: "Erst ließ ich das Dokument zusammenfassen, dann in eine Schritt-für-Schritt-Anleitung umwandeln und schließlich in eine FAQ-Form bringen. Das Ergebnis war so viel zugänglicher für unsere Mitarbeiter."

Dokumente mit komplexen Fachbegriffen profitieren besonders von Copilots Transformationsfähigkeiten. Die KI kann automatisch Erklärungen einfügen, Glossare erstellen oder technische Begriffe durch allgemeinverständliche Alternativen ersetzen. Ein IT-Leiter nutzt diese Funktion regelmäßig, um technische Dokumentationen für andere Abteilungen aufzubereiten.

Die Integration von Copilot in kollaborative Arbeitsabläufe schafft weitere Effizienzgewinne. Teams können ein Dokument gemeinsam bearbeiten und Copilot für unterschiedliche Transformationsaufgaben einsetzen. Der Marketingleiter eines E-Commerce-Unternehmens schilderte, wie sein Team nun Produktbeschreibungen in einem Bruchteil der Zeit für verschiedene Kanäle aufbereitet.

Neben der reinen Textumwandlung unterstützt Copilot auch die visuelle Transformation von Dokumenten. Die KI kann Vorschläge für bessere Formatierungen machen, Inhalte in Tabellen oder Diagramme umwandeln und die visuelle Hierarchie verbessern. Diese Funktionen tragen wesentlich zur Professionalisierung Ihrer Dokumente bei.

Die psychologischen Vorteile der automatisierten Dokumententransformation gehen über Zeitersparnis hinaus. Ein Kommunikationsberater berichtete mir: "Der größte Vorteil ist die mentale Entlastung. Das Umschreiben und Anpassen von Texten war früher mühsam und frustrierend. Mit Copilot fühlt es sich spielerisch an, und ich habe mehr Freude an meiner Arbeit."

Microsoft entwickelt die Transformationsfähigkeiten von Copilot kontinuierlich weiter. Aktuelle Updates verbessern insbesondere die Fähigkeit, den Kontext längerer Dokumente zu verstehen und konsistente Transformationen über umfangreiche Inhalte hinweg zu erzeugen. Diese Weiterentwicklung macht Copilot zu einem immer wertvolleren Werkzeug für die Dokumentenbearbeitung.

Im nächsten Abschnitt werden wir erkunden, wie Sie mit Copilot in PowerPoint überzeugende Präsentationen erstellen können. Wir werden sehen, wie die KI Ihnen hilft, leere Folien in strukturierte Präsentationen zu verwandeln und professionelle visuelle Elemente zu integrieren. Mit diesem Wissen werden Sie in der Lage sein, den gesamten Prozess der Inhaltserstellung von Dokumenten bis hin zu Präsentationen mit Copilot zu optimieren.

3.2 Überzeugende PowerPoint-Präsentationen Gestalten: Visuelle Ideen mit KI Umsetzen

3.2.1 Präsentationsstrukturen Schnell Entwickeln: Copilot Gliederungen Erstellen Lassen

Die Angst vor der leeren PowerPoint-Folie kennt jeder Präsentationsersteller. Ein unbeschriebenes Deck zu öffnen und dann stundenlang über die richtige Struktur nachzudenken, raubt wertvolle Arbeitszeit. In meinen Beratungsprojekten begegne ich regelmäßig Führungskräften, die bis zu vier Stunden für die initiale Strukturierung einer wichtigen Präsentation aufwenden. Eine Teamleiterin aus dem Vertrieb beschrieb mir das Problem treffend: "Ich weiß genau, was ich sagen will, aber die Übersetzung in eine logische, überzeugende Präsentationsstruktur kostet mich jedes Mal enorme Energie."

Microsoft 365 Copilot revolutioniert diesen Prozess grundlegend. Die KI kann innerhalb von Sekunden durchdachte Präsentationsstrukturen generieren, die als solides Fundament für Ihre Folien dienen. Diese initiale Gliederung bildet das Rückgrat einer erfolgreichen Präsentation und hilft Ihnen, Ihre Gedanken zu organisieren, bevor Sie sich mit Designdetails befassen.

Der Zugang zu dieser Funktion gestaltet sich denkbar einfach. Sie haben mehrere Möglichkeiten, Copilot für die Erstellung einer Präsentationsstruktur zu nutzen:

- Öffnen Sie eine neue PowerPoint-Präsentation und klicken Sie auf das Copilot-Symbol in der oberen Menüleiste
- Verwenden Sie die Tastenkombination Alt+C, um den Copilot-Bereich zu öffnen
- Starten Sie mit einem leeren Dokument und formulieren Sie Ihren Strukturierungswunsch als Prompt

Eine Marketingdirektorin aus meiner Beratungspraxis schilderte ihre Erfahrung: "Früher brauchte ich einen ganzen Vormittag, um die Struktur für unsere Quartals-Präsentationen zu erstellen. Mit Copilot habe ich innerhalb von zwei Minuten ein durchdachtes Grundgerüst, das ich dann nur noch an unsere spezifischen Bedürfnisse anpassen muss. Das spart mir mindestens drei Stunden pro Präsentation."

Die Qualität der generierten Gliederungen hängt maßgeblich von der Präzision Ihrer Prompts ab. Ein vager Prompt wie "Erstelle eine Präsentation über unser neues Produkt" liefert allgemeine, wenig maßgeschneiderte Ergebnisse. Für optimale Ergebnisse empfehle ich das "BRIEF"-Prinzip für Präsentations-Prompts:

- **Bestimmung des Zwecks**: Definieren Sie klar, ob es sich um eine informative, überzeugende oder entscheidungsorientierte Präsentation handelt
- **Rahmen und Umfang**: Geben Sie an, wie lang die Präsentation sein soll und welchen Detailgrad Sie benötigen
- **Inhalte und Schlüsselpunkte**: Nennen Sie die wichtigsten Inhalte, die unbedingt enthalten sein müssen
- **Empfänger**: Beschreiben Sie Ihre Zielgruppe, deren Vorwissen und Erwartungen
- **Format und Stil**: Spezifizieren Sie gewünschte Strukturelemente oder stilistische Vorgaben

Ein nach diesem Prinzip formulierter Prompt könnte lauten: "Erstelle eine überzeugende Präsentationsstruktur (B) für einen 15-minütigen Vortrag mit 10-12 Folien (R) über unser neues CRM-System, mit Fokus auf Zeitersparnis, Kundenzufriedenheit und ROI (I) für unsere Vertriebsleiter, die technisch versiert sind, aber wenig Zeit haben (E) im Format einer Problem-Lösung-Ergebnis-Darstellung mit integriertem Demoteil (F)."

Die von Copilot generierten Präsentationsstrukturen umfassen typischerweise mehrere Ebenen:

1. **Hauptabschnitte der Präsentation**

   - Die übergeordnete Gliederung mit logischer Abfolge
   - Balance zwischen Einleitung, Hauptteil und Abschluss
   - Klare thematische Trennung der einzelnen Segmente

2. **Vorgeschlagene Einzelfolien**

   - Detaillierte Auflistung der spezifischen Folien pro Abschnitt
   - Inhaltliche Vorschläge für jede einzelne Folie
   - Logische Übergänge zwischen den Folien

3. **Strukturelle Empfehlungen**

   - Vorschläge für wiederkehrende Elemente oder Muster
   - Empfehlungen für Aufmerksamkeitspunkte oder Interaktionen
   - Hinweise zur narrativen Entwicklung der Präsentation

Ein Projektmanager aus der IT-Branche berichtete mir von seiner Erfahrung: "Die Strukturvorschläge von Copilot sind erstaunlich durchdacht. Als ich eine Präsentation für die Geschäftsleitung zum Thema Cybersecurity erstellen musste, lieferte mir Copilot eine Gliederung, die alle wesentlichen Punkte abdeckte und sogar einen klugen Spannungsbogen aufbaute, der mit den größten Risiken begann und mit konkreten Lösungsvorschlägen endete."

Die Integration von Copilot in Ihren Präsentations-Workflow folgt idealerweise einem mehrstufigen Prozess:

- **Phase 1: Initiale Strukturerstellung** Lassen Sie Copilot basierend auf Ihrem Prompt eine erste Gliederung erstellen

- **Phase 2: Interaktive Verfeinerung** Stellen Sie Folgefragen zur Anpassung oder Erweiterung bestimmter Abschnitte

- **Phase 3: Integration eigener Inhalte** Ergänzen Sie die Struktur mit Ihren spezifischen Daten, Beispielen und Erkenntnissen

- **Phase 4: Finalisierung** Überprüfen Sie die Gesamtstruktur auf Kohärenz und passen Sie sie bei Bedarf an

Ein besonders wertvoller Aspekt ist die Möglichkeit, bestehende Materialien in die Strukturerstellung einzubeziehen. Sie können Copilot anweisen, basierend auf einem vorhandenen Dokument oder einer Datenquelle eine Präsentationsstruktur zu entwickeln. Ein typischer Prompt könnte lauten: "Erstelle eine Präsentationsstruktur basierend auf unserem Quartalsbericht, die die wichtigsten Finanzkennzahlen, Marktentwicklungen und strategischen Initiativen hervorhebt."

Die Produktvielfalt von Copilot zeigt sich in seiner Fähigkeit, unterschiedliche Präsentationstypen strukturell zu unterstützen:

- **Verkaufspräsentationen:** Logischer Aufbau mit Bedarfsanalyse, Lösungsvorstellung und Call-to-Action
- **Informative Präsentationen:** Klare Gliederung mit Fakten, Analysen und Schlussfolgerungen
- **Schulungspräsentationen:** Strukturierte Abfolge von Konzepten, Beispielen und Übungen
- **Entscheidungspräsentationen:** Systematische Darstellung von Optionen, Kriterien und Empfehlungen

Eine Führungskraft aus dem Finanzsektor teilte mir mit: "Besonders beeindruckt mich die Fähigkeit von Copilot, die Präsentationsstruktur an die Zielgruppe anzupassen. Für eine Präsentation zu Anlagestrategien schlug das System völlig unterschiedliche Strukturen für Privatanleger, Finanzberater und institutionelle Investoren vor, alle logisch und zielgruppengerecht aufgebaut."

Die von Copilot erstellten Strukturen berücksichtigen bewährte Präsentationsprinzipien, wie die 10/20/30-Regel (maximal 10 Folien, 20 Minuten Präsentationszeit, mindestens 30-Punkt-Schriftgröße) oder das Prinzip der Dreiteilung. Dies führt zu professionellen, gut durchdachten Präsentationsgerüsten, selbst wenn Sie kein Präsentationsexperte sind.

Zu den fortgeschrittenen Techniken gehört die iterative Verfeinerung von Präsentationsstrukturen. Nachdem Copilot eine erste Gliederung erstellt hat, können Sie gezielte Folgeprompts nutzen, um spezifische Abschnitte zu vertiefen oder umzustrukturieren:

- "Erweitere den Abschnitt zur Wettbewerbsanalyse mit einer detaillierteren Untergliederung."
- "Schlage eine alternative Struktur für den Teil über Zukunftsaussichten vor, der mehr Gewicht auf Nachhaltigkeit legt."
- "Füge einen Abschnitt für häufig gestellte Fragen am Ende der Präsentation hinzu."

Diese interaktive Methode erlaubt es, schrittweise eine maßgeschneiderte Struktur zu entwickeln, die exakt Ihren Vorstellungen entspricht.

Die psychologischen Vorteile dieser Arbeitsweise sind beträchtlich. Eine Vertriebsleiterin beschrieb mir ihren persönlichen Aha-Moment: "Die größte Erleichterung war für mich, dass ich nicht mehr vor dem Nichts stehen musste. Copilot bietet mir sofort verschiedene strukturelle Wege an, und ich kann einfach den passendsten auswählen und anpassen. Das nimmt den mentalen Druck und die Blockade, die ich oft bei neuen Präsentationen spüre."

Für Teams, die gemeinsam an Präsentationen arbeiten, bietet die Strukturgenerierung durch Copilot besondere Vorteile. Die KI kann als neutraler "Strukturmoderator" fungieren, der einen ersten Entwurf liefert, auf dessen Basis das Team diskutieren kann. Dies vermeidet langwierige Debatten über den grundsätzlichen Aufbau und lenkt den Fokus auf die inhaltliche Verfeinerung.

Ein bemerkenswerter Anwendungsfall aus meiner Beratungspraxis: Ein internationales Produktteam mit Mitgliedern aus Deutschland, Frankreich und Polen nutzte Copilot, um eine einheitliche Präsentationsstruktur für ihre monatlichen Statusberichte zu erstellen. Die von Copilot vorgeschlagene Gliederung wurde zum verbindlichen Template, das alle Teammitglieder nutzten, was die Konsistenz und Vergleichbarkeit der Berichte erheblich verbesserte.

Die Stärke von Copilot bei der Strukturerstellung liegt auch in seiner Anpassungsfähigkeit an verschiedene Präsentationskontexte. Die KI kann Strukturen für klassische lineare Präsentationen ebenso erstellen wie für modulare Formate, bei denen der Präsentierende je nach Publikumsreaktion flexibel zwischen verschiedenen Abschnitten wechseln kann.

Mit zunehmender Erfahrung werden Sie feststellen, dass Ihre Prompts immer präziser und die resultierenden Strukturen immer maßgeschneiderter werden. Viele meiner Klienten haben begonnen, eine persönliche Sammlung erfolgreicher Struktur-Prompts anzulegen, die sie für wiederkehrende Präsentationstypen nutzen können.

Im nächsten Abschnitt werden wir darauf aufbauen und erkunden, wie Sie mit Copilot nicht nur die Struktur, sondern auch die eigentlichen Folieninhalte automatisch generieren können, von einfachen Stichpunkten bis hin zu komplexen Visualisierungen.

3.2.2 Folieninhalte Automatisch Generieren: Von Stichpunkten zur fertigen Folie mit KI

Der magische Moment einer Präsentation entsteht, wenn aus einfachen Stichpunkten lebendige, visuell ansprechende Folien werden. Genau hier entfaltet Copilot in PowerPoint sein volles Potenzial. Als ich einem Marketingteam eines mittelständischen Unternehmens diese Funktion vorführte, war die Reaktion eindeutig: "Das spart uns bei jeder Präsentation Stunden!" Die Fähigkeit, aus grundlegenden Inhaltsideen komplette Folien zu generieren, revolutioniert die Art und Weise, wie wir Präsentationen erstellen.

Nach der Entwicklung einer soliden Präsentationsstruktur, wie im vorherigen Abschnitt beschrieben, folgt nun der nächste kreative Schritt: die Ausgestaltung einzelner Folien mit überzeugenden Inhalten und Visualisierungen. Copilot übernimmt diese Aufgabe mit bemerkenswerter Effizienz und gestaltet aus einfachen Stichpunkten oder Anweisungen vollständige Folien, komplett mit Text, Bildern und grafischen Elementen.

Meine Erfahrung mit über 50 Unternehmen zeigt, dass besonders dieser Aspekt von Copilot tiefgreifende Auswirkungen auf die tägliche Arbeit hat. Ein Vertriebsleiter aus der Automobilbranche berichtete mir: "Früher brauchte ich etwa 30 Minuten pro Folie für eine hochwertige Kundenpräsentation. Mit Copilot gestalte ich eine komplette Folie in unter 5 Minuten, einschließlich aller Anpassungen."

Die Einstiegsmethoden für die automatische Foliengestaltung sind vielfältig und flexibel. Sie können mit verschiedenen Ansätzen beginnen:

- **Von leerer Folie ausgehen**: Fügen Sie eine neue Folie ein und beschreiben Sie Copilot, welchen Inhalt Sie sich vorstellen

- **Stichpunkte als Grundlage**: Erfassen Sie die Kernpunkte, die Sie kommunizieren möchten, und lassen Sie Copilot diese ausgestalten
- **Transformation bestehender Inhalte**: Lassen Sie Copilot vorhandene Folieninhalte umgestalten oder verbessern
- **Datenvisualisierung**: Geben Sie Copilot Daten oder Fakten und bitten Sie um passende visuelle Darstellungen

Der Schlüssel zum Erfolg liegt in präzisen, zielgerichteten Prompts. Ein typischer Prompt könnte lauten: "Erstelle eine Folie zum Thema Marktwachstum unseres Produkts mit einem aussagekräftigen Diagramm, drei Hauptpunkten zu Wachstumstreibern und einem passenden Bild, das Innovation symbolisiert." Je detaillierter Ihre Anweisungen, desto besser wird das Ergebnis.

Für verschiedene Folientypen empfehle ich spezifische Prompt-Strategien, die ich mit meinen Klienten entwickelt habe:

1. **Titelfolien**

   - "Gestalte eine moderne Titelfolie zum Thema [Thema] mit einem prägnanten Untertitel und einem Hintergrundbild, das [Stimmung/Thema] ausstrahlt."
   - "Erstelle eine Titelfolie für unsere Quartalspräsentation mit einem auffälligen Titel, dem aktuellen Quartal und einem passenden visuellen Element."

2. **Inhaltsfolien**

   - "Entwickle eine Folie zu den drei Hauptvorteilen unseres Produkts mit kurzen Erläuterungen und passenden Icons."
   - "Erstelle eine Folie, die den Prozess [Prozessname] in 4-5 logischen Schritten darstellt, mit kurzen Beschreibungen für jeden Schritt."

3. Datenfolien

- "Gestalte eine Folie, die unsere Umsatzentwicklung der letzten vier Quartale in einem Säulendiagramm zeigt, mit Hervorhebung des Wachstums und 2-3 Schlüsselerkenntnissen."
- "Erstelle eine vergleichende Darstellung unserer Marktposition gegenüber den drei Hauptwettbewerbern mit einem übersichtlichen Diagramm."

Die Vielseitigkeit von Copilot bei der Foliengestaltung umfasst verschiedene Inhaltstypen:

- **Textliche Elemente**: Überschriften, Aufzählungspunkte, Beschreibungen, Zitate
- **Visuelle Komponenten**: Bilder, Icons, Hintergründe, Designelemente
- **Datenvisualisierungen**: Diagramme, Grafiken, Tabellen, Zeitachsen
- **Konzeptuelle Darstellungen**: Prozessabläufe, Mind-Maps, Organisationsstrukturen

Ein Projektmanager eines IT-Dienstleisters berichtete mir von seiner Erfahrung: "Die Fähigkeit von Copilot, komplexe technische Konzepte in verständliche visuelle Darstellungen zu transformieren, hat die Qualität unserer Kundenpräsentationen enorm verbessert. Was früher oft zu textlastig war, wird jetzt klar und ansprechend visualisiert."

Die Integration von Corporate Design und Markenidentität stellt einen wichtigen Aspekt dar. Sie können Copilot anweisen, die generierten Folien an Ihre Unternehmensvorlage anzupassen. Ein typischer Prompt hierfür wäre: "Wende auf diese Folie unsere Unternehmensvorlage an und stelle sicher, dass die Farbgebung und Typografie unseren Markenrichtlinien entspricht." Dies funktioniert besonders gut, wenn Sie bereits eine PowerPoint-Vorlage geöffnet haben.

Die Interaktion mit generierten Folieninhalten ermöglicht kontinuierliche Verfeinerung. Nach der initialen Generierung können Sie Copilot bitten, spezifische Anpassungen vorzunehmen:

- "Ändere das Diagramm von einem Säulen- in ein Liniendiagramm."
- "Formuliere die Aufzählungspunkte kürzer und prägnanter."
- "Ersetze das Bild durch eines, das besser zum Thema Nachhaltigkeit passt."
- "Füge eine kurze Erklärung zu jedem der gezeigten Datenpunkte hinzu."

Eine Teamleiterin aus dem Marketingbereich teilte mir ihre Herangehensweise mit: "Ich lasse Copilot zunächst einen ersten Entwurf erstellen und führe dann ein iteratives Feintuning durch. So behalte ich die Kontrolle über das Endergebnis, spare aber trotzdem enorm viel Zeit gegenüber der manuellen Erstellung."

Die psychologischen Aspekte von Folienpräsentationen werden von Copilot intelligent berücksichtigt. Sie können explizit nach Folien fragen, die bestimmte Emotionen oder Reaktionen hervorrufen sollen. So hat ein Vertriebsleiter beispielsweise Copilot gebeten, "eine Folie zu erstellen, die die Dringlichkeit einer Entscheidung verdeutlicht und ein Gefühl der Chance, aber auch des möglichen Verlusts bei zu langem Zögern vermittelt."

Ein praktischer Tipp aus meiner Beratungserfahrung: Nutzen Sie Copilot, um verschiedene Varianten derselben Folie zu erstellen. Mit Prompts wie "Zeige mir drei verschiedene Ansätze, um diese Informationen zu präsentieren" können Sie verschiedene Designansätze vergleichen und den überzeugendsten auswählen oder Elemente aus verschiedenen Vorschlägen kombinieren.

Die Grenzen von Copilot sollten ebenfalls berücksichtigt werden. Bei hochspezifischen Branchengrafiken oder sehr komplexen Datenvisualisierungen kann es nötig sein, die generierten Inhalte manuell nachzubearbeiten. Ein Finanzanalyst aus meinem Kundenkreis hat eine praktische Routine entwickelt: Er lässt Copilot den Grundaufbau komplexer Finanzdiagramme erstellen und verfeinert dann die Details manuell entsprechend seiner fachlichen Expertise.

Die automatische Bildauswahl durch Copilot verdient besondere Aufmerksamkeit. Die KI kann passende Bilder vorschlagen und einfügen, die Ihre Botschaft visuell unterstreichen. Für beste Ergebnisse sollten Sie spezifische Bildwünsche formulieren: "Füge ein Bild ein, das Teamarbeit in einem modernen Büroumfeld zeigt" liefert bessere Ergebnisse als die vage Anweisung "Füge ein passendes Bild ein."

Ein häufiges Missverständnis betrifft den Detailgrad der generierten Folien. Copilot erstellt keine fertigen, pixelperfekten Designmeisterwerke, sondern solide, professionelle Grundlagen, die Sie mit Ihrem fachlichen Input und persönlichen Stil veredeln können. Diese Zusammenarbeit zwischen KI und menschlicher Expertise führt zu den besten Ergebnissen.

Die Effizienzgewinne durch automatisch generierte Folieninhalte gehen weit über die Zeitersparnis hinaus. Ein CEO eines mittelständischen Unternehmens fasste es treffend zusammen: "Früher verbrachte ich viel Zeit damit, über Layout und Design nachzudenken. Mit Copilot kann ich mich auf die strategische Botschaft konzentrieren und überlasse die visuelle Umsetzung der KI. Das Ergebnis: bessere Präsentationen in weniger Zeit."

Die Bildschirmpräsentation generierter Inhalte überzeugt durch visuelle Konsistenz. Copilot achtet auf einheitliche Schriftgrößen, harmonische Farbschemata und ausgewogene Layouts, was zu einem professionellen Gesamteindruck führt. Diese Konsistenz über alle Folien hinweg zu wahren, ist manuell oft schwierig und zeitaufwändig, wird mit Copilot jedoch automatisch erreicht.

Die kollaborative Nutzung dieser Funktion in Teams eröffnet weitere Möglichkeiten. Ein Projektteam, das ich betreue, entwickelte einen effektiven Workflow: Ein Teammitglied erstellt mit Copilot einen ersten Foliensatz, der dann in einer gemeinsamen Sitzung diskutiert wird. Direkt im Meeting werden mit Copilot Anpassungen vorgenommen, was zu einer dynamischen, interaktiven Präsentationsentwicklung führt.

Im nächsten Kapitel werden wir erkunden, wie Sie mit Copilot in Excel den Zugang zu komplexen Daten erleichtern und aussagekräftige Analysen ohne fortgeschrittene Formeln erstellen können. Diese Fähigkeiten ergänzen perfekt Ihre neuen Kenntnisse zur Dokumenten- und Präsentationserstellung und vervollständigen Ihr Toolkit für die effiziente Inhaltserstellung mit Microsoft 365 Copilot.

4. DATENANALYSE UND EINBLICKE GEWINNEN: MIT COPILOT IN EXCEL KOMPLEXITÄT REDUZIEREN

Zahlen erzählen Geschichten, wenn man sie richtig lesen kann. Diese fundamentale Wahrheit erschließt sich vielen Büroarbeitern jedoch erst nach Jahren der Excel-Erfahrung, oder gar nicht. Die Tabellenkalkulation gilt als eine der mächtigsten, aber gleichzeitig komplexesten Anwendungen im Microsoft 365-Ökosystem. In meinen Beratungsprojekten begegne ich regelmäßig Fachkräften, die nur etwa 10% der Excel-Funktionalitäten nutzen, weil sie den Rest als zu kompliziert empfinden. Die Lernkurve erscheint steil, die Zeit knapp und die Frustration groß.

Microsoft 365 Copilot verändert diese Gleichung fundamental. Die KI-Unterstützung in Excel durchbricht Barrieren, die viele Anwender bisher davon abgehalten haben, das volle Potenzial ihrer Daten auszuschöpfen. Es ist, als hätten Sie plötzlich einen erfahrenen Datenanalysten an Ihrer Seite, der komplexe Aufgaben vereinfacht und Ihnen hilft, verborgene Erkenntnisse in Ihren Zahlen zu entdecken.

Die Herausforderungen bei der Datenanalyse in Excel sind vielfältig und wohlbekannt. Viele meiner Klienten kämpfen mit komplizierten Formeln, deren Syntax sich nur schwer merken lässt. Ein Projektmanager eines mittelständischen Unternehmens gestand mir: "Ich muss jedes Mal googeln, wie SVERWEIS funktioniert, obwohl ich diese Formel seit Jahren nutze." Eine andere häufige Hürde ist die Identifikation relevanter Muster in großen Datensätzen. Wie findet man die sprichwörtliche Nadel im

Heuhaufen, wenn man mit tausenden Zeilen und Dutzenden von Spalten konfrontiert ist?

Copilot transformiert diese Herausforderungen in Chancen für schnellere und präzisere Analysen. Die KI versteht natürliche Sprache und kann komplexe Berechnungen, Visualisierungen und Datenaufbereitungen mit einfachen Anweisungen ausführen. Statt sich durch unzählige Menüs zu klicken oder Formelsyntax nachzuschlagen, können Sie Copilot einfach bitten: "Zeige mir den durchschnittlichen Umsatz pro Produktkategorie im Vergleich zum Vorjahresquartal." Die KI versteht den Kontext, analysiert Ihre Daten und liefert die gewünschten Informationen.

Die Nutzung von Copilot in Excel konzentriert sich auf vier Kernbereiche, die den größten Mehrwert für die meisten Anwender bieten:

1. **Formelunterstützung und -erklärung**: Copilot kann komplexe Formeln erstellen, bestehende Formeln erklären und Fehler in Ihren Berechnungen finden.

2. **Datenanalyse und Mustererkennung**: Die KI identifiziert Trends, Ausreißer und Korrelationen in Ihren Daten, die mit bloßem Auge schwer zu erkennen wären.

3. **Visualisierungserstellung**: Copilot generiert aussagekräftige Diagramme und passt diese an Ihre spezifischen Anforderungen an.

4. **Erkenntnisgewinnung**: Die KI formuliert datenbasierte Einsichten und Empfehlungen, die Sie für fundierte Entscheidungen nutzen können.

Eine Finanzcontrollerin beschrieb mir ihren Aha-Moment mit Copilot in Excel: "Ich verbrachte früher Stunden damit, Vertriebsdaten zu analysieren und für das Management aufzubereiten. Mit Copilot erledige ich dieselbe Aufgabe in wenigen

Minuten und erhalte sogar tiefere Einsichten, die mir zuvor entgangen wären."

Das reale Zeitsparpotential ist beachtlich. Nach meinen Beobachtungen können Excel-Nutzer mit Copilot komplexe Analyseaufgaben 60-80% schneller erledigen. Ein Vertriebsleiter, der wöchentlich Umsatzberichte erstellt, reduzierte seine Bearbeitungszeit von drei Stunden auf knapp 40 Minuten. Diese gewonnene Zeit kann in strategischere Tätigkeiten investiert werden, was den eigentlichen Wert der KI-Unterstützung ausmacht.

Copilot verändert nicht nur wie schnell, sondern auch wie tiefgehend Sie Ihre Daten analysieren können. Die KI kann Zusammenhänge erkennen, die selbst erfahrenen Analysten entgehen könnten. Ein Marketingteam entdeckte mit Hilfe von Copilot eine unerwartete Korrelation zwischen Wettermustern und Online-Verkäufen bestimmter Produktkategorien. Diese Erkenntnis führte zu einer Anpassung ihrer Werbestrategie, die den Umsatz um 12% steigerte.

Besonders wertvoll ist die Demokratisierung von Datenanalyse-Fähigkeiten. Nicht jeder hat eine Ausbildung in Statistik oder Datenanalyse, aber mit Copilot kann praktisch jeder fundierte Erkenntnisse aus seinen Daten gewinnen. Ein Teamleiter aus dem Kundenservice, der sich selbst als "Excel-Anfänger" bezeichnete, konnte mit Copilot eine komplexe Analyse von Kundenfeedback-Daten durchführen und Muster identifizieren, die zu konkreten Verbesserungen im Service führten.

Die Vorteile der Copilot-Nutzung in Excel manifestieren sich auf mehreren Ebenen:

- **Individuelle Effizienz**: Schnellere Erstellung von Berichten, Analysen und Visualisierungen
- **Qualitätsverbesserung**: Weniger Fehler, konsistentere Ergebnisse und tiefere Einsichten

- **Fähigkeitserweiterung:** Zugang zu fortgeschrittenen Analysemethoden ohne spezielle Schulung
- **Entscheidungsunterstützung:** Datenbasierte Empfehlungen für strategische und operative Entscheidungen

Ein CRM-Manager eines Handelsunternehmens fasste seine Erfahrung so zusammen: "Copilot hat nicht nur meine Arbeit mit Excel beschleunigt, sondern mir auch ermöglicht, Fragen zu stellen, die ich mir vorher nicht zu stellen wagte, weil die Analyse zu komplex erschien."

Der praktische Einstieg in die Nutzung von Copilot in Excel gestaltet sich erfreulich unkompliziert. Die KI ist direkt in die Excel-Oberfläche integriert und über das Copilot-Symbol oder Tastenkürzel erreichbar. Sie können Ihre Anfragen in natürlicher Sprache formulieren, Daten markieren, auf die sich Ihre Fragen beziehen, und innerhalb von Sekunden Ergebnisse erhalten.

Für den optimalen Erfolg mit Copilot in Excel empfehle ich diese Vorgehensweise:

1. **Klare Fragestellung formulieren:** Je präziser Ihre Anfrage, desto relevanter die Antwort
2. **Relevante Daten vorbereiten:** Säubern und strukturieren Sie Ihre Daten, damit Copilot optimal damit arbeiten kann
3. **Iterativ vorgehen:** Verfeinern Sie Ihre Anfragen basierend auf den ersten Ergebnissen
4. **Ergebnisse kritisch prüfen:** Validieren Sie die generierten Analysen und Visualisierungen

Die psychologische Dimension dieses KI-Werkzeugs sollte nicht unterschätzt werden. Viele meiner Klienten berichten von einem gesteigerten Selbstvertrauen im Umgang mit Daten. Die "Excel-Angst", die viele Büroarbeiter heimlich plagt, weicht einer Neugier und Experimentierfreude. Ein Teamleiter beschrieb dies treffend: "Früher habe ich komplexe Datenanalysen vermieden, weil ich befürchtete, nicht die richtigen Formeln zu kennen. Mit Copilot traue ich mich, tiefer einzusteigen und neue Perspektiven zu erkunden."

In den folgenden Abschnitten werden wir die vier Kernbereiche der Copilot-Nutzung in Excel detailliert erkunden. Wir beginnen mit der Formelunterstützung und sehen, wie Copilot komplexe Excel-Funktionen erklärt und bei ihrer Erstellung hilft. Anschließend betrachten wir, wie die KI automatisch Muster und Trends in Ihren Daten erkennt und diese in aussagekräftige Visualisierungen umsetzt. Schließlich lernen wir, wie Copilot Ihnen hilft, datenbasierte Erkenntnisse zu formulieren und diese für bessere Entscheidungen zu nutzen.

Die Integration von Copilot in Excel stellt einen Paradigmenwechsel dar, der die Datenanalyse von einer technischen Disziplin zu einem zugänglichen Werkzeug für alle Büroarbeiter transformiert. Zahlen erzählen tatsächlich Geschichten, und mit Copilot an Ihrer Seite werden Sie zum versierten Geschichtenerzähler Ihrer Unternehmensdaten.

4.1 Excel-Daten Schneller Verstehen: Copilot als Ihr Persönlicher Datenanalyst

4.1.1 Komplexe Formeln Einfach Erklären Lassen: Copilots Hilfe für Excel-Funktionen Nutzen

Die Welt der Excel-Formeln gleicht für viele einem undurchdringlichen Dschungel. Selbst nach Jahren der Nutzung bleiben zahlreiche Funktionen und Syntaxregeln ein Mysterium. In meinen Workshops höre ich regelmäßig Aussagen wie: "Ich muss jedes Mal googeln, wie SVERWEIS funktioniert" oder "Verschachtelte WENN-Funktionen bringen mich zur Verzweiflung." Diese Frustration ist nicht nur zeitraubend, sondern verhindert auch, dass wir das volle Potenzial unserer Daten ausschöpfen.

Microsoft 365 Copilot verändert dieses Erlebnis grundlegend. Die KI fungiert als geduldiger Excel-Experte an Ihrer Seite, der komplexe Formeln erklärt, erstellt und bei Bedarf korrigiert. Diese Unterstützung ermöglicht es selbst Excel-Anfängern, fortgeschrittene Funktionen zu nutzen und tiefergehende Analysen durchzuführen.

Meine Erfahrung mit einem Finanzteam verdeutlicht diesen Wandel eindrucksvoll. Der Controller hatte eine komplexe Formel für die Berechnung gestaffelter Rabatte erstellt, die niemand sonst im Team verstand. Mit Copilot konnten seine Kollegen die Funktionsweise der Formel innerhalb von Sekunden erfassen, ohne dass er sie mühsam erklären musste. "Das ist, als hätte jeder im Team plötzlich einen privaten Excel-Tutor", kommentierte der Controller begeistert.

127

Der Einstieg in die Formelunterstützung gestaltet sich denkbar einfach. In einer geöffneten Excel-Datei haben Sie mehrere Möglichkeiten, Copilot zu aktivieren:

- Klicken Sie auf das Copilot-Symbol in der oberen Menüleiste
- Verwenden Sie die Tastenkombination Alt+C
- Markieren Sie eine Zelle mit einer Formel und wählen Sie "Mit Copilot" aus dem Kontextmenü

Sobald Copilot aktiviert ist, können Sie natürlichsprachige Anfragen zu Ihren Formeln stellen. Die Bandbreite möglicher Anfragen ist beeindruckend vielseitig:

1. **Formelerklärungen**

   - "Erkläre mir diese Formel in einfachen Worten"
   - "Was bewirkt der SVERWEIS in Zelle B5?"
   - "Warum erhalte ich einen #WERT! Fehler in dieser Formel?"

2. **Formelerstellung**

   - "Erstelle eine Formel, die den Durchschnitt der Verkaufszahlen berechnet, aber Nullwerte ignoriert"
   - "Wie kann ich prüfen, ob ein Wert in Spalte A auch in Spalte B vorkommt?"
   - "Schreibe eine Formel für eine gestaffelte Provision basierend auf den Verkaufszahlen"

3. **Formeloptimierung**

   - "Gibt es eine effizientere Alternative zu dieser SVERWEIS-Formel?"
   - "Vereinfache diese komplexe Formel"
   - "Wie kann ich diese Formel robuster machen, um Fehler zu vermeiden?"

Die Stärke von Copilot liegt nicht nur im Verstehen Ihrer Anfragen, sondern auch im Einbeziehen des Kontexts Ihrer spezifischen Excel-Arbeitsmappe. Die KI analysiert Ihre Daten, erkennt Tabellenstrukturen und berücksichtigt Spaltenüberschriften, um maßgeschneiderte Antworten zu liefern. Ein Vertriebsleiter beschrieb mir sein Aha-Erlebnis: "Ich bat Copilot, eine Formel zur Berechnung der Verkaufsprovisionen zu erstellen, und zu meiner Überraschung verwendete die KI automatisch die richtigen Spaltenbezeichnungen aus meiner Tabelle. Das war beeindruckend intuitiv!"

Ein besonders wertvoller Anwendungsfall ist die Fehlersuche bei Formeln. Wenn Sie jemals stundenlang nach einem fehlenden Klammernpaar oder einem falschen Zellbezug gesucht haben, werden Sie diese Funktion zu schätzen wissen. Ein einfacher Prompt wie "Warum funktioniert diese Formel nicht?" reicht oft aus, um den Fehler zu identifizieren und eine Lösung vorzuschlagen.

In einem Beratungsprojekt mit einem mittelständischen Unternehmen half ich dem Finanzteam, eine fehlgeschlagene SUMMEWENNS-Formel zu reparieren. Statt mühsam jeden Teil der verschachtelten Formel zu prüfen, fragten wir Copilot: "Was ist falsch mit dieser Formel?" Die KI identifizierte sofort, dass ein Kriterium als Text behandelt werden musste und schlug die korrekte Syntax vor. Was normalerweise eine frustrierende 30-minütige Fehlersuche bedeutet hätte, war in Sekunden gelöst.

Die Fähigkeit von Copilot, komplexe Formeln in einfache Sprache zu übersetzen, ist besonders für Teams wertvoll, in denen unterschiedliche Excel-Kenntnisse vorhanden sind. Ein Datenspezialist kann komplexe Berechnungen erstellen und die restlichen Teammitglieder können Copilot bitten, diese zu erklären. Diese "Demokratisierung" des Formelverständnisses fördert die Zusammenarbeit und reduziert Abhängigkeiten von Excel-Experten.

Die Lernkurve für fortgeschrittene Excel-Funktionen wird durch Copilot dramatisch verkürzt. Statt sich durch Tutorials oder Dokumentationen zu arbeiten, können Sie einfach fragen: "Wie verwendet man XVERWEIS?" oder "Erkläre mir dynamische Arrays in Excel". Die KI liefert nicht nur theoretische Erklärungen, sondern auch praktische Beispiele, die auf Ihre aktuelle Arbeitsmappe zugeschnitten sind.

Ein Marketing-Manager, den ich bei der Excel-Optimierung unterstützte, beschrieb seinen Lernprozess so: "Früher habe ich komplexe Funktionen vermieden, weil der Lernaufwand zu hoch schien. Mit Copilot frage ich einfach nach einer Erklärung und probiere die Funktion direkt in meinen eigenen Daten aus. So habe ich in einem Monat mehr gelernt als im ganzen Jahr zuvor."

Besonders nützlich ist die Übersetzung zwischen verschiedenen Formelansätzen. Wenn Sie beispielsweise aus einer älteren Excel-Version kommen und mit den neuen dynamischen Array-Funktionen nicht vertraut sind, kann Copilot Ihnen helfen, traditionelle Formeln in moderne Alternativen zu übersetzen. Ein typischer Prompt wäre: "Zeige mir, wie ich diese SVERWEIS-Formel mit XVERWEIS ersetzen kann" oder "Gibt es eine modernere Methode für diese Matrixberechnung?"

Die Integration in den Arbeitsablauf gestaltet sich nahtlos. Sie können zwischen Formelerstellung, Datenanalyse und Copilot-Unterstützung hin und her wechseln, ohne Ihren Arbeitsfluss zu unterbrechen. Diese Flexibilität macht Copilot zu einem praktischen Assistenten, der genau dann hilft, wenn Sie ihn brauchen, und sonst im Hintergrund bleibt.

Ein praktisches Beispiel aus meiner Beratungspraxis: Ein Projektcontroller erstellte monatliche Budgetberichte mit komplexen Bedingungsformeln. Wenn Kollegen Fragen zur Methodik hatten, forderte er sie einfach auf, die entsprechende Zelle zu markieren und Copilot nach einer Erklärung zu fragen.

Dies sparte ihm Zeit und ermöglichte seinen Kollegen ein besseres Verständnis der Berechnungen.

Die psychologischen Vorteile dieser Unterstützung sollten nicht unterschätzt werden. Die "Formelangst", die viele Anwender plagt, weicht einem Gefühl der Befähigung. Eine Teamleiterin aus dem Kundenservice berichtete mir: "Excel war für mich immer einschüchternd. Mit Copilot fühle ich mich sicherer, weil ich weiß, dass ich jederzeit Hilfe bekommen kann, wenn ich nicht weiterkomme. Das hat mein Selbstvertrauen im Umgang mit Daten enorm gestärkt."

Für Teams, die gemeinsam an Excel-Arbeitsmappen arbeiten, bietet Copilot einen weiteren Vorteil: Die Dokumentation von Formeln wird erheblich vereinfacht. Statt umständliche Kommentare zu schreiben, können Sie Copilot bitten, eine ausführliche Erklärung der Formellogik zu erstellen, die Sie dann in der Dokumentation verwenden können. Dies fördert die Transparenz und erleichtert die Wartung komplexer Arbeitsblätter.

Die Qualität der Formelhilfe hängt maßgeblich von der Präzision Ihrer Anfragen ab. Je spezifischer Ihre Fragen, desto nützlicher die Antworten. Ein vager Prompt wie "Hilf mir mit Formeln" liefert allgemeine Informationen, während "Erstelle eine Formel, die den gleitenden Durchschnitt der letzten drei Monate für jede Zeile berechnet" zu einer präzisen, maßgeschneiderten Lösung führt.

Mein Praxistipp: Beginnen Sie mit einfachen Formelerklärungen, um ein Gefühl für die Funktionsweise von Copilot zu bekommen, und steigern Sie dann schrittweise die Komplexität Ihrer Anfragen. Diese progressive Herangehensweise baut Vertrauen auf und hilft Ihnen, die Möglichkeiten der KI-Unterstützung vollständig zu erschließen.

Im nächsten Abschnitt werden wir erkunden, wie Copilot Ihnen nicht nur beim Verstehen einzelner Formeln hilft, sondern auch bei der Erkennung von Mustern und Trends in Ihren Daten. Diese

Fähigkeit, Insights automatisch zu identifizieren, hebt die Datenanalyse auf ein völlig neues Niveau und eröffnet selbst Nicht-Analysten tiefe Einblicke in ihre Daten.

4.1.2 DATENMUSTER UND TRENDS AUTOMATISCH ERKENNEN: COPILOT ANALYSEN DURCHFÜHREN LASSEN

Verborgene Muster in Daten zu erkennen gilt als eine der wertvollsten Fähigkeiten in der modernen Arbeitswelt. Während meiner Beratungsprojekte frage ich Klienten oft: "Was würden Sie tun, wenn Sie alle Muster in Ihren Verkaufszahlen, Kundendaten oder Projektmetriken sofort erkennen könnten?" Die typische Antwort: "Das wäre revolutionär, aber dafür bräuchten wir einen Datenanalysten." Mit Microsoft 365 Copilot wird diese Fähigkeit nun für jeden zugänglich, unabhängig von statistischen Vorkenntnissen oder Datenanalyseerfahrung.

Die automatische Mustererkennung zählt zu den beeindruckendsten Funktionen von Copilot in Excel. Die KI kann große Datenmengen innerhalb von Sekunden durchforsten und Trends, Korrelationen, Anomalien und wiederkehrende Muster identifizieren, die dem menschlichen Auge leicht entgehen. Diese Fähigkeit verwandelt Excel von einem passiven Datenspeicher in einen aktiven Analyseassistenten, der wertvolle Einsichten liefert.

Ein Vertriebsleiter aus der Automobilindustrie berichtete mir von seiner Erfahrung: "Ich hatte eine Tabelle mit über 10.000 Verkaufstransaktionen aus dem letzten Jahr. Mit Copilot konnte ich innerhalb von Minuten erkennen, dass unsere Premium-Produkte in bestimmten Regionen am Donnerstag und Freitag überdurchschnittlich gut verkauft wurden, ein Muster, das ich nie selbst entdeckt hätte." Diese Erkenntnis führte zu einer gezielten Marketingkampagne, die den Umsatz um 8% steigerte.

Der Einstieg in die automatische Datenanalyse mit Copilot gestaltet sich überraschend einfach. Sie haben verschiedene Möglichkeiten, die KI für die Mustererkennung zu aktivieren:

- Markieren Sie Ihren Datenbereich und klicken Sie auf das Copilot-Symbol in der oberen Menüleiste
- Öffnen Sie den Copilot-Bereich über Alt+C und formulieren Sie Ihre Analyseanfrage
- Klicken Sie mit der rechten Maustaste auf einen Datenbereich und wählen Sie "Mit Copilot" aus dem Kontextmenü

Die Qualität der Analyse hängt maßgeblich von Ihren Prompts ab. Statt allgemeiner Anfragen wie "Analysiere diese Daten" empfehle ich spezifische Formulierungen, die Copilot genau mitteilen, wonach Sie suchen. Im Laufe meiner Beratungstätigkeit habe ich verschiedene Prompt-Kategorien entwickelt, die besonders effektive Ergebnisse liefern:

1. **Trendanalyse-Prompts**

   - "Identifiziere langfristige Trends in den Verkaufszahlen der letzten 12 Monate und visualisiere sie in einem geeigneten Diagramm."
   - "Untersuche die Entwicklung der Kundenzufriedenheitswerte nach Produktkategorien und hebe signifikante Veränderungen hervor."
   - "Analysiere saisonale Muster in unseren Umsatzzahlen und erstelle eine Prognose für die kommenden drei Monate."

2. **Korrelationsanalyse-Prompts**

   - "Finde Zusammenhänge zwischen Marketingausgaben und Verkaufsvolumen mit einem Zeitversatz von bis zu drei Monaten."

- "Untersuche, ob ein Zusammenhang zwischen Lieferzeiten und Kundenzufriedenheit besteht."
- "Identifiziere, welche Faktoren den stärksten Einfluss auf die Mitarbeiterfluktuation haben."

3. **Anomalie-Erkennungs-Prompts**

- "Identifiziere Ausreißer in den Produktionskosten und erkläre mögliche Ursachen."
- "Finde ungewöhnliche Muster im Kundenverhalten, die auf veränderte Marktbedingungen hindeuten könnten."
- "Suche nach unerwarteten Abweichungen in den Projektlaufzeiten und schlage mögliche Erklärungen vor."

Die Fähigkeit von Copilot, Daten zu verstehen, geht weit über einfache statistische Berechnungen hinaus. Die KI erkennt Kontexte, berücksichtigt zeitliche Abhängigkeiten und kann sogar implizite Beziehungen zwischen scheinbar unzusammenhängenden Datensätzen identifizieren. Ein Finanzcontroller beschrieb mir seine Überraschung: "Copilot hat einen subtilen Zusammenhang zwischen unseren Investitionen in Mitarbeiterschulungen und der Reduktion von Kundenreklamationen entdeckt, mit einem Zeitversatz von etwa sechs Monaten. Diese Erkenntnis half uns, den ROI unserer Schulungsprogramme korrekt zu bewerten."

Die praktische Umsetzung der Datenanalyse mit Copilot folgt einem intuitiven dreistufigen Prozess:

- **Phase 1: Datenaufbereitung und Kontextdefinition**
  Stellen Sie sicher, dass Ihre Daten sauber strukturiert sind, mit klaren Spaltenüberschriften und konsistenten Formaten. Je besser Copilot Ihre Daten versteht, desto präziser werden die Analysen.

- **Phase 2: Gezielte Prompts und iterative Verfeinerung**
  Beginnen Sie mit spezifischen Fragen und verfeinern Sie diese basierend auf den ersten Ergebnissen. Dieser iterative Prozess führt zu immer tieferen Einsichten.

- **Phase 3: Validierung und Visualisierung** Überprüfen Sie die entdeckten Muster und nutzen Sie Copilot, um aussagekräftige Visualisierungen zu erstellen, die Ihre Erkenntnisse optimal kommunizieren.

Ein bemerkenswertes Beispiel für die Leistungsfähigkeit dieser Analyse erlebte ich bei einem mittelständischen E-Commerce-Unternehmen. Der Marketingleiter hatte umfangreiche Daten zu Kundeninteraktionen auf der Website gesammelt, war aber unsicher, wie er daraus wertvolle Erkenntnisse gewinnen könnte. Mit Copilot konnten wir innerhalb einer Stunde mehrere kritische Muster identifizieren: bestimmte Produktkategorien wurden überwiegend an Wochenenden angesehen, während andere hauptsächlich während der Arbeitszeit Aufmerksamkeit erhielten. Diese Erkenntnis führte zu einer komplett überarbeiteten E-Mail-Marketing-Strategie mit zeitlich optimierten Kampagnen.

Die tiefe Integration von Copilot in Excel ermöglicht auch die Kombination verschiedener Analysetypen. Sie können beispielsweise Trendanalysen mit Anomalieerkennung verbinden oder Korrelationsuntersuchungen mit Prognosemodellen kombinieren. Diese multidimensionale Analyse liefert ein umfassenderes Bild Ihrer Daten als traditionelle, isolierte Analysemethoden.

Neben der reinen Mustererkennung kann Copilot auch Hypothesen testen und Szenarien simulieren. Ein typischer Prompt hierfür wäre: "Analysiere, wie sich eine 10-prozentige Reduktion der Lieferzeit auf die Kundenzufriedenheit und Wiederbestellrate auswirken könnte, basierend auf unseren historischen Daten."

Diese prädiktiven Analysen unterstützen fundierte Entscheidungen und strategische Planungen.

Die psychologischen Auswirkungen dieser Funktionalität sind bemerkenswert. Ein Projektmanager beschrieb mir seine Erfahrung so: "Früher fühlte ich mich von unseren Projektdaten überwältigt. Mit Copilot habe ich das Gefühl, die Kontrolle zurückzugewinnen. Die KI hilft mir, durch das Datenchaos zu navigieren und echte Einsichten zu gewinnen, die meine Entscheidungen verbessern."

Besonders wertvoll ist Copilots Fähigkeit, Dateneinsichten in natürlicher Sprache zu kommunizieren. Statt kryptischer statistischer Werte erhalten Sie verständliche Erklärungen wie: "Die Kundenzufriedenheit zeigt eine starke negative Korrelation mit der Bearbeitungszeit von Support-Tickets. Jede Reduzierung der Reaktionszeit um 10% führte historisch zu einer Verbesserung der Zufriedenheitswerte um etwa 5%." Diese klare Kommunikation macht komplexe Analysen für alle Teammitglieder zugänglich, unabhängig von ihrem technischen Hintergrund.

Ein Herausforderung bei der Datenanalyse liegt in der potenziellen Überinterpretation von Mustern. Nicht jede Korrelation bedeutet auch Kausalität. Mein Rat an Klienten: Nutzen Sie Copilot als intelligenten Assistenten, der Muster aufdeckt und Hypothesen vorschlägt, aber verlassen Sie sich bei kritischen Entscheidungen immer auf Ihr Fachwissen und Ihren gesunden Menschenverstand. Die KI ergänzt Ihre Expertise, ersetzt sie aber nicht.

Die kontinuierliche Verbesserung Ihrer Prompt-Fähigkeiten zahlt sich direkt in der Qualität der Datenanalysen aus. Mit zunehmender Erfahrung werden Sie lernen, immer präzisere Fragen zu formulieren, die genau die Erkenntnisse liefern, die Sie benötigen. Ein CRM-Manager eines Handelsunternehmens drückte es treffend aus: "Die Kunst liegt darin, die richtigen Fragen zu stellen. Copilot hat mir nicht nur geholfen, Muster zu erkennen, sondern auch, besser zu verstehen, wonach ich überhaupt suchen sollte."

Im nächsten Abschnitt werden wir erkunden, wie Sie mit Copilot aussagekräftige Visualisierungen erstellen können, um Ihre neu gewonnenen Dateneinsichten optimal zu kommunizieren. Die Fähigkeit, komplexe Daten in klare, überzeugende visuelle Darstellungen zu transformieren, ist ein weiterer Bereich, in dem die KI-Unterstützung Ihren Arbeitsalltag revolutionieren kann.

4.2 Aussagekräftige Visualisierungen Erzeugen: Daten mit Copilot Verständlich Darstellen

4.2.1 Diagramme auf Knopfdruck Erstellen: Copilot Daten Grafisch Aufbereiten Lassen

Zahlen allein erzählen selten die ganze Geschichte. Die wahre Kraft der Daten entfaltet sich erst durch visuelle Darstellung, die komplexe Zusammenhänge sofort erfassbar macht. In meinen Workshops beobachte ich regelmäßig den "Aha-Moment", wenn Teilnehmer ihre Zahlenkolonnen plötzlich als aussagekräftiges Diagramm sehen. Microsoft 365 Copilot revolutioniert diesen Visualisierungsprozess in Excel grundlegend, indem es die Erstellung professioneller Diagramme von einer zeitaufwändigen Expertenaufgabe in einen mühelosen, sekundenschnellen Vorgang verwandelt.

Die traditionelle Diagrammerstellung in Excel birgt zahlreiche Herausforderungen. Die Auswahl des passenden Diagrammtyps, die richtige Datenaufbereitung, das Formatieren von Achsen und Legenden sowie die optische Feinabstimmung erfordern Fachwissen und Zeit. Eine Teamleiterin aus dem Controlling beschrieb mir ihre Frustration: "Ich verbringe mehr Zeit mit dem Anpassen des Diagramms als mit der eigentlichen Analyse. Oft gebe ich auf und präsentiere dann nur die Zahlen, weil mir die Zeit fehlt."

Copilot eliminiert diese Hürden durch einen völlig neuen Ansatz. Statt sich durch Menüs und Formatierungsoptionen zu klicken, formulieren Sie einfach in natürlicher Sprache, welche Visualisierung Sie benötigen. Die KI versteht Ihre Absicht, analysiert den Datenkontext und erstellt in Sekundenschnelle ein passendes, professionell gestaltetes Diagramm. Diese Fähigkeit spart nicht nur Zeit, sondern ermöglicht auch Menschen ohne tiefere Excel-Kenntnisse, aussagekräftige Visualisierungen zu erstellen.

Der Zugang zur Diagrammerstellung mit Copilot gestaltet sich denkbar einfach. Sie haben verschiedene Möglichkeiten:

- **Über den Copilot-Bereich**: Öffnen Sie den Copilot-Seitenbereich (über das Symbol in der Menüleiste oder Alt+C) und beschreiben Sie das gewünschte Diagramm.
- **Daten markieren**: Wählen Sie den relevanten Datenbereich aus und fragen Sie Copilot über das Kontextmenü nach einer Visualisierung.
- **Direkte Anfrage**: Formulieren Sie einen spezifischen Prompt wie "Erstelle ein Säulendiagramm, das die Quartalsumsätze pro Region vergleicht".

Ein Vertriebsleiter aus dem Automobilzulieferbereich teilte mir seine Erfahrung mit: "Was mich besonders beeindruckt, ist die Intelligenz hinter den Vorschlägen. Copilot wählt nicht einfach irgendein Diagramm, sondern analysiert die Daten und schlägt die wirklich passende Visualisierung vor, die ich so nicht unbedingt gewählt hätte, die aber perfekt den Kern der Sache trifft."

Die Qualität der generierten Diagramme hängt maßgeblich von der Präzision Ihrer Prompts ab. In meinen Workshops habe ich eine Sammlung effektiver Prompt-Muster entwickelt, die zuverlässig zu hochwertigen Visualisierungen führen:

1. **Datenspezifische Prompts**

- "Visualisiere die Umsatzentwicklung nach Produktkategorien im Jahresverlauf als Liniendiagramm."
- "Erstelle ein gestapeltes Säulendiagramm, das Kosten und Umsätze pro Abteilung vergleicht."
- "Zeige mir die prozentuale Marktanteilsverteilung unserer Top-5-Produkte als Kreisdiagramm."

139

2. Analysefokussierte Prompts

- "Erstelle ein Diagramm, das Ausreißer in unseren Verkaufsdaten hervorhebt."
- "Visualisiere den Zusammenhang zwischen Marketingausgaben und Neukundengewinnung."
- "Zeige mir Trends und saisonale Muster in unseren Quartalszahlen der letzten drei Jahre."

3. Zielgruppenorientierte Prompts

- "Erstelle ein einfaches, leicht verständliches Diagramm zu unseren Kosteneinsparungen für die Geschäftsleitung."
- "Visualisiere unsere Projektzeiten in einem Format, das für eine technische Präsentation geeignet ist."
- "Erzeuge ein Diagramm für unseren Kundennewsletter, das unsere Marktposition verdeutlicht."

Die Vielseitigkeit von Copilot bei der Diagrammerstellung ist beeindruckend. Die KI beherrscht alle gängigen Diagrammtypen und wählt intelligent den passenden Typ für Ihre spezifischen Daten:

- **Säulen- und Balkendiagramme** für Kategorienvergleiche
- **Liniendiagramme** für zeitliche Entwicklungen und Trends
- **Kreis- und Ringdiagramme** für Anteilsdarstellungen
- **Streudiagramme** für Korrelationsanalysen
- **Kombinierte Diagramme** für mehrdimensionale Darstellungen
- **Flächen- und Wasserfalldiagramme** für kumulative Werte

Ein Finanzcontroller beschrieb sein Schlüsselerlebnis: "Früher musste ich für unsere Quartalspräsentationen mindestens einen halben Tag für die Diagrammerstellung einplanen. Mit Copilot erstelle ich alle benötigten Visualisierungen in unter 30 Minuten, und sie sehen professioneller aus als je zuvor."

Besonders wertvoll ist die kontextuelle Intelligenz von Copilot. Die KI berücksichtigt nicht nur die Rohdaten, sondern auch deren Bedeutung und Zusammenhänge. Wenn Ihre Daten beispielsweise einen eindeutigen zeitlichen Verlauf zeigen, schlägt Copilot automatisch ein Liniendiagramm vor. Bei Vergleichen zwischen Kategorien empfiehlt die KI eher Säulen- oder Balkendiagramme. Diese intelligente Vorauswahl spart Zeit und führt zu besseren Ergebnissen.

Die Interaktivität des Prozesses stellt einen wesentlichen Vorteil dar. Gefällt Ihnen der erste Diagrammvorschlag nicht vollständig, können Sie ihn durch präzisierende Anweisungen verfeinern:

- "Ändere die Farben in unser Unternehmensschema mit Blautönen."
- "Füge Datenbeschriftungen hinzu und entferne die Legende."
- "Drehe die Achsen und sortiere die Werte in absteigender Reihenfolge."
- "Zeige nur die Top-5-Werte und fasse die restlichen unter 'Sonstige' zusammen."

Diese iterative Anpassung ermöglicht es, das Diagramm genau nach Ihren Vorstellungen zu gestalten, ohne sich durch komplizierte Formatierungsmenüs kämpfen zu müssen.

Ein praktisches Beispiel aus meiner Beratungspraxis verdeutlicht den Mehrwert: Ein Marketingteam eines mittelständischen E-Commerce-Unternehmens musste regelmäßig Kampagnenerfolge analysieren. Früher erstellte ein Teammitglied manuell standardisierte Diagramme, was pro Bericht etwa zwei Stunden in Anspruch nahm. Mit Copilot reduzierten sie diese Zeit auf 15 Minuten und erhielten zudem dynamischere, aussagekräftigere Visualisierungen, die sie vorher aus Zeitgründen nie erstellt hätten.

Die Integration in bestehende Arbeitsabläufe erfolgt nahtlos. Copilot-generierte Diagramme sind vollständig in Excel eingebettet und können wie jedes andere Excel-Diagramm weiterverwendet werden. Sie können sie in andere Office-Anwendungen einbinden, in Berichte einfügen oder für Präsentationen nutzen. Alle Änderungen an den zugrundeliegenden Daten werden automatisch im Diagramm aktualisiert, was die Wartung erheblich vereinfacht.

Ein oft übersehener Aspekt ist der Lerneffekt. Durch die Beobachtung der von Copilot generierten Diagramme erweitern auch Excel-Anfänger ihr Wissen über effektive Datenvisualisierung. Ein Teamleiter aus dem Personalbereich beschrieb mir: "Ich habe durch Copilot mehr über sinnvolle Diagrammtypen gelernt als in allen Excel-Schulungen zuvor. Die KI wählt oft Visualisierungsformen, auf die ich selbst nie gekommen wäre, die aber perfekt zu meinen Daten passen."

Die Zeitersparnis und Qualitätsverbesserung wirken sich direkt auf Entscheidungsprozesse aus. Visualisierungen machen Daten zugänglicher und verständlicher für alle Beteiligten. Ein Geschäftsführer eines mittelständischen Produktionsunternehmens teilte mir mit, dass seit der Einführung von Copilot die Qualität und Häufigkeit datenbasierter Entscheidungen in seinem Unternehmen deutlich zugenommen hat, weil Abteilungsleiter nun selbst schnell aussagekräftige Visualisierungen erstellen können.

Die kontinuierliche Verbesserung Ihrer Prompt-Fähigkeiten lohnt sich besonders bei der Diagrammerstellung. Mit wachsender Erfahrung werden Ihre Anweisungen präziser und die resultierenden Visualisierungen noch passgenauer. Eine Projektmanagerin beschrieb ihren Lernprozess: "Am Anfang waren meine Anfragen sehr allgemein. Heute formuliere ich detaillierte

Prompts, die genau meine Visualisierungsanforderungen treffen und mir sofort das gewünschte Ergebnis liefern."

Im nächsten Abschnitt werden wir einen Schritt weitergehen und erkunden, wie Copilot nicht nur Daten visualisieren, sondern auch interpretieren kann. Die Fähigkeit, aus Visualisierungen und Rohdaten aussagekräftige Erkenntnisse zu gewinnen und zu formulieren, stellt einen weiteren Meilenstein in der datengestützten Entscheidungsfindung dar.

4.2.2 DATENBASIERTE ERKENNTNISSE FORMULIEREN: COPILOT BEIM INTERPRETIEREN VON ERGEBNISSEN HELFEN LASSEN

Zahlen erzählen Geschichten, aber nicht jeder kann diese Geschichten ohne Hilfe entschlüsseln. In meiner Beratungspraxis beobachte ich regelmäßig, wie Fachkräfte vor Bergen von Daten und Diagrammen sitzen und sich fragen: "Was bedeutet das alles eigentlich für mein Unternehmen?" Die wahre Herausforderung liegt nicht im Sammeln oder Visualisieren von Daten, sondern in deren sinnvoller Interpretation und der Ableitung konkreter Handlungsempfehlungen. Genau hier entfaltet Microsoft 365 Copilot sein volles Potenzial als Ihr persönlicher Dateninterpret.

Die Fähigkeit, aus Rohdaten und Visualisierungen fundierte Erkenntnisse zu gewinnen, war traditionell ein Privileg spezialisierter Analysten. Ein Abteilungsleiter eines Maschinenbauunternehmens beschrieb mir sein Dilemma: "Ich habe alle Daten und kann sogar Diagramme erstellen, aber dann stehe ich vor der entscheidenden Frage: Was bedeutet das für mein Geschäft? Welche Maßnahmen sollte ich ergreifen?" Mit Copilot wird diese analytische Fähigkeit demokratisiert und steht jedem Büroarbeiter zur Verfügung.

Der praktische Zugang zu dieser Funktion erfolgt ähnlich wie bei anderen Copilot-Anwendungen in Excel. Markieren Sie relevante

Daten oder Diagramme und aktivieren Sie Copilot über das Symbol in der Menüleiste, die Tastenkombination Alt+C oder das Kontextmenü. Anschließend können Sie natürlichsprachige Anfragen stellen, um Ihre Daten zu interpretieren und tiefere Einsichten zu gewinnen.

Die Qualität der Erkenntnisse hängt maßgeblich von der Präzision Ihrer Prompts ab. Vage Anfragen wie "Was sagen diese Daten aus?" liefern allgemeine Beobachtungen. Gezielte Fragen hingegen führen zu wertvollen, handlungsorientierten Einsichten. In meinen Workshops habe ich ein Framework für effektive Interpretations-Prompts entwickelt:

- **Kontextspezifische Fragen**: Beziehen Sie den Geschäftskontext ein, z.B. "Analysiere diese Verkaufsdaten im Hinblick auf unsere Markterweiterungsstrategie."
- **Fokussierte Analyserichtung**: Lenken Sie die Analyse auf bestimmte Aspekte, z.B. "Identifiziere die wichtigsten Faktoren, die unseren Umsatzrückgang im letzten Quartal erklären könnten."
- **Handlungsorientierte Anfragen**: Fragen Sie explizit nach Handlungsempfehlungen, z.B. "Leite aus diesen Kundenzufriedenheitsdaten drei konkrete Verbesserungsmaßnahmen ab."
- **Hypothesenprüfung**: Testen Sie Annahmen, z.B. "Bestätigen diese Daten unsere Vermutung, dass Produktlinie A vor allem bei jüngeren Kunden erfolgreich ist?"

Eine Vertriebsleiterin berichtete mir von ihrem Aha-Erlebnis: "Ich hatte monatelang Verkaufszahlen gesammelt und wusste, dass wichtige Erkenntnisse darin verborgen sein mussten. Mit Copilot konnte ich endlich das volle Potenzial dieser Daten ausschöpfen. Die KI identifizierte nicht nur saisonale Muster, sondern auch unerwartete Korrelationen zwischen Produktkategorien und Kundengruppen, die wir in unsere Verkaufsstrategie integrieren konnten."

Die typischen Anwendungsfälle für die datenbasierte Erkenntnisgewinnung mit Copilot lassen sich in vier Hauptkategorien einteilen:

1. **Musterinterpretation und Trendanalyse**

   - Erklären von erkannten Mustern in historischen Daten
   - Bewertung der Signifikanz identifizierter Trends
   - Vorhersage zukünftiger Entwicklungen basierend auf historischen Mustern

2. **Ursache-Wirkungs-Analyse**

   - Identifikation möglicher Ursachen für beobachtete Phänomene
   - Bewertung der Stärke korrelativer Zusammenhänge
   - Unterscheidung zwischen Korrelation und Kausalität

3. **Anomalien und Ausreißer verstehen**

   - Erklärung ungewöhnlicher Datenpunkte
   - Bewertung der Relevanz von Ausreißern
   - Empfehlungen zum Umgang mit identifizierten Anomalien

4. **Handlungsempfehlungen ableiten**

   - Formulierung konkreter, datenbasierter Maßnahmen
   - Priorisierung von Handlungsoptionen basierend auf potenziellem Impact
   - Abschätzung möglicher Risiken verschiedener Handlungsalternativen

Ein Finanzcontroller eines mittelständischen E-Commerce-Unternehmens schilderte mir seine Erfahrung: "Früher konnte ich Abweichungen in unseren Finanzkennzahlen identifizieren, aber die Ursachenanalyse war zeitaufwändig und oft spekulativ. Mit Copilot kann ich jetzt schnell mögliche Erklärungen für Budgetabweichungen finden und diese gezielt überprüfen. Das hat unseren Planungsprozess wesentlich verbessert."

Die Integration dieser Erkenntnisse in den Entscheidungsprozess folgt idealerweise einem strukturierten Ablauf:

- **Phase 1: Offene Exploration** Lassen Sie Copilot zunächst allgemeine Muster und Auffälligkeiten in Ihren Daten identifizieren, ohne spezifische Richtung vorzugeben.

- **Phase 2: Gezielte Untersuchung** Basierend auf den ersten Erkenntnissen stellen Sie präzisere Fragen zu interessanten Aspekten und potenziellen Zusammenhängen.

- **Phase 3: Validierung und Kontextualisierung** Kombinieren Sie die von Copilot generierten Einsichten mit Ihrem Domänenwissen, um deren Relevanz und Plausibilität zu bewerten.

- **Phase 4: Handlungsableitung** Lassen Sie Copilot konkrete Handlungsempfehlungen formulieren und bewerten Sie diese kritisch vor dem Hintergrund Ihrer Unternehmensstrategie.

Ein wichtiger Aspekt bei der Interpretation von Daten mit Copilot ist die Balance zwischen KI-gestützter Analyse und menschlichem Urteilsvermögen. Die KI kann Muster erkennen und Hypothesen vorschlagen, aber die endgültige Bewertung und Entscheidung liegt bei Ihnen. Ein IT-Manager beschrieb dieses Zusammenspiel treffend: "Copilot ist wie ein brillanter Berater, der mir hilft, meinen Daten Muster zu erkennen, die ich übersehen hätte. Aber ich bringe das Kontextwissen und die strategische Ausrichtung ein, die für fundierte Entscheidungen unerlässlich sind."

Die psychologischen Vorteile dieser Unterstützung bei der Dateninterpretation gehen über die reine Zeitersparnis hinaus. Viele meiner Klienten berichten von einem gesteigerten Vertrauen in ihre datenbasierten Entscheidungen. Eine Teamleiterin im

Marketing formulierte es so: "Früher hatte ich oft das Gefühl, wichtige Aspekte in den Daten zu übersehen. Mit Copilot als zweitem Paar Augen fühle ich mich sicherer in meinen Analysen und kann meine Vorschläge gegenüber der Geschäftsleitung selbstbewusster vertreten."

Der Mehrwert von Copilot liegt auch in seiner Fähigkeit, Erkenntnisse in klarer, verständlicher Sprache zu kommunizieren. Statt kryptischer statistischer Terminologie erhalten Sie gut strukturierte, allgemeinverständliche Erklärungen, die Sie direkt in Ihre Berichte oder Präsentationen übernehmen können. Dies verbessert nicht nur Ihre eigene Entscheidungsfindung, sondern auch Ihre Fähigkeit, andere von datenbasierten Argumenten zu überzeugen.

Ein praktisches Beispiel aus meiner Beratungspraxis verdeutlicht diesen Aspekt. Ein Projektmanager hatte umfangreiche Daten zu Projektlaufzeiten und Ressourcennutzung gesammelt, tat sich aber schwer, daraus überzeugende Argumente für zusätzliche Ressourcen abzuleiten. Mit Copilot konnte er die Daten analysieren und erhielt eine klare, überzeugende Darstellung des Zusammenhangs zwischen Ressourcenengpässen und Projektverzögerungen. Diese Erkenntnisse, formuliert in verständlicher Geschäftssprache statt komplexer Statistik, überzeugten das Management und führten zur Bewilligung zusätzlicher Mittel.

Trotz aller Vorteile gibt es einige Fallstricke bei der Nutzung von Copilot für datenbasierte Erkenntnisse, die Sie beachten sollten:

1. **Überinterpretation vermeiden**

   - Nicht jedes Muster ist signifikant oder handlungsrelevant
   - Korrelation bedeutet nicht zwangsläufig Kausalität
   - Historische Muster setzen sich nicht automatisch in die Zukunft fort

2. Kritisches Denken bewahren

- Hinterfragen Sie unerwartete oder kontraintuitive Ergebnisse
- Prüfen Sie Erkenntnisse gegen Ihr Domänenwissen
- Berücksichtigen Sie alternative Erklärungen für beobachtete Phänomene

Die kontinuierliche Verbesserung Ihrer Prompts führt zu immer präziseren und wertvolleren Einsichten. Eine Vertriebsmanagerin teilte mir ihre Erfahrung mit: "Am Anfang waren meine Fragen an Copilot zu allgemein. Mit der Zeit lernte ich, gezielter zu fragen und den Kontext besser einzubeziehen. Heute erhalte ich Erkenntnisse, die direkt in konkrete Maßnahmen umgesetzt werden können."

Mit den in diesem Kapitel vorgestellten Techniken zur Datenanalyse und Interpretationsunterstützung haben Sie nun das Handwerkszeug, um das volle Potenzial Ihrer Excel-Daten mit Microsoft 365 Copilot auszuschöpfen. Im nächsten Kapitel werden wir uns damit beschäftigen, wie Sie Ihren gesamten Copilot-Workflow perfektionieren und die KI nahtlos in Ihren Arbeitsalltag integrieren können.

5. Ihren Copilot Workflow Perfektionieren: KI Nahtlos in den Arbeitsalltag Integrieren

Die wahre Kraft von Microsoft 365 Copilot entfaltet sich erst, wenn die KI nahtlos in Ihre täglichen Arbeitsabläufe integriert ist. Nach Jahren der Beratung deutscher Unternehmen bei der Einführung neuer Technologien habe ich eine entscheidende Erkenntnis gewonnen: Die leistungsstärksten Tools werden oft nur oberflächlich genutzt. Viele Anwender beschränken sich auf einzelne, isolierte Funktionen und verpassen dabei das transformative Potenzial der vollständigen Integration in ihren Arbeitsalltag.

Stellen Sie sich einen Werkzeugkasten vor, aus dem Sie bisher nur einen Schraubenzieher und einen Hammer verwendet haben, während darin ein komplettes Präzisionswerkzeugset schlummert. Genau so verhält es sich bei vielen Copilot-Nutzern. Sie haben in den vorherigen Kapiteln bereits wertvolle Einzelfunktionen kennengelernt, doch nun ist es Zeit, diese zu einem kohärenten, personalisierten Workflow zu verbinden.

In meinen Workshops erlebe ich regelmäßig den Moment, in dem Teilnehmer von der Nutzung einzelner Copilot-Funktionen zur Integration in ihren gesamten Arbeitsablauf übergehen. Ein Abteilungsleiter eines mittelständischen Maschinenbauunternehmens beschrieb diesen Moment treffend: "Plötzlich arbeitet Copilot nicht mehr für mich, sondern mit mir, wie ein gut eingespielter Kollege, der meine Gedanken vorwegnimmt und meine Arbeit auf allen Ebenen unterstützt."

Der entscheidende Unterschied zwischen gelegentlichen Copilot-Nutzern und Produktivitäts-Champions liegt in der systematischen Integration. Eine Umfrage unter meinen Workshopteilnehmern zeigte: Wer Copilot punktuell einsetzt, erlebt Zeitersparnisse von 10-15%. Wer hingegen eine vollständige Integration in den Workflow erreicht, berichtet von Produktivitätssprüngen von 30-40%. Diese Zahlen verdeutlichen das enorme Potenzial, das in diesem Kapitel erschlossen wird.

Die Workflow-Integration von Copilot umfasst zwei zentrale Dimensionen, die wir in diesem Kapitel erkunden werden:

1. **Horizontale Integration über Anwendungen hinweg**

   - Nahtloser Informationsfluss zwischen verschiedenen Microsoft 365-Apps
   - Kontext-übergreifende Nutzung von Copilot für zusammenhängende Aufgaben
   - Synchronisation von Inhalten und Erkenntnissen über Plattformgrenzen hinweg
2. **Vertikale Integration in persönliche Arbeitsmethoden**

   - Anpassung von Copilot an Ihre individuellen Präferenzen und Arbeitsweisen
   - Entwicklung persönlicher Prompt-Strategien für wiederkehrende Aufgaben
   - Schaffung eines KI-unterstützten Produktivitätssystems, das zu Ihnen passt

Die Überwindung der "Silomentalität" bei der Nutzung von Copilot eröffnet völlig neue Möglichkeiten. Ein Beispiel aus meiner Beratungspraxis: Eine Vertriebsleiterin nutzte Copilot zunächst nur in Outlook für E-Mail-Zusammenfassungen. Als sie lernte, wie sie Copilot nahtlos zwischen Outlook, Excel und PowerPoint einsetzen kann, veränderte sich ihr gesamter Arbeitsansatz. Sie konnte nun Kundendaten analysieren, Erkenntnisse extrahieren und direkt in überzeugende Präsentationen umwandeln, alles mit kontextbezogener KI-Unterstützung in einem fließenden Prozess.

Persönliche Anpassungsfähigkeit bildet das Herzstück dieses Kapitels. Copilot ist kein starres System, sondern ein formbares Werkzeug, das Sie nach Ihren Bedürfnissen gestalten können. Ich vergleiche es gerne mit einem hochwertigen Maßanzug, der zunächst gut sitzt, aber erst nach gezielten Anpassungen perfekt passt. Die individualisierte Nutzung von Copilot kann Ihre Produktivität auf ein völlig neues Niveau heben.

Die typischen Herausforderungen bei der Workflow-Integration habe ich in fünf Kernbereichen identifiziert:

- **Kontext-Wechsel**: Verlust von Informationen und Zusammenhängen beim Wechsel zwischen verschiedenen Anwendungen
- **Fragmentierte Prozesse**: Isolierte Nutzung von Copilot in einzelnen Anwendungen ohne übergreifenden Workflow
- **Prompt-Ineffizienz**: Wiederholung ähnlicher Anfragen ohne systematischen Ansatz zur Prompt-Optimierung
- **Fehlende Personalisierung**: Standardnutzung ohne Anpassung an persönliche Arbeitsweisen und Prioritäten
- **Mangelnde Routine**: Inkonsistente Nutzung ohne feste Integration in tägliche Arbeitsabläufe

Für jeden dieser Herausforderungsbereiche biete ich in diesem Kapitel konkrete Lösungsansätze und praktische Strategien. Ein Projektmanager aus dem IT-Bereich berichtete mir nach der Umsetzung dieser Strategien: "Was vorher wie separate digitale Tools erschien, funktioniert jetzt wie ein einheitliches System, das mich durch den Arbeitstag begleitet und kontinuierlich unterstützt."

Das Ziel dieses Kapitels ist nicht nur theoretisches Wissen, sondern praktische Transformation. Sie werden lernen, wie Sie:

- Informationen nahtlos zwischen verschiedenen Microsoft 365-Anwendungen teilen und transferieren
- Copilot als zentralen Wissensmanager für Ihr digitales Arbeitsumfeld einsetzen
- Routineaufgaben identifizieren und durch KI-Unterstützung automatisieren
- Ihre Prompting-Techniken verfeinern, um präzisere und nützlichere Ergebnisse zu erzielen
- Persönliche Copilot-Routinen entwickeln, die perfekt zu Ihrem Arbeitsstil passen

Die psychologischen Vorteile einer gelungenen Workflow-Integration sollten nicht unterschätzt werden. In Interviews mit Anwendern, die Copilot vollständig in ihren Arbeitsalltag integriert haben, wird ein Aspekt besonders häufig genannt: das Gefühl der "kognitiven Entlastung". Wenn Copilot nahtlos mit Ihnen zusammenarbeitet, müssen Sie weniger mentale Ressourcen für Routineaufgaben aufwenden und können sich auf kreative und strategische Aspekte Ihrer Arbeit konzentrieren.

Ein Finanzcontroller eines mittelständischen Unternehmens beschrieb diesen Effekt so: "Früher war mein Arbeitstag geprägt von ständigen Kontextwechseln und mentaler Belastung durch administrative Aufgaben. Mit einem integrierten Copilot-Workflow fühlt sich meine Arbeit jetzt flüssiger und fokussierter an. Ich habe mehr mentale Kapazitäten für die wirklich wichtigen Entscheidungen."

Der Weg zur vollständigen Workflow-Integration verläuft typischerweise in drei Phasen, die wir in diesem Kapitel durchlaufen werden:

1. **Erkundungsphase**: Identifikation von Schnittstellen zwischen verschiedenen Anwendungen und Prozessen
2. **Verbindungsphase**: Herstellung nahtloser Übergänge zwischen bisher isolierten Copilot-Anwendungen

3. **Optimierungsphase**: Feinabstimmung und Personalisierung des integrierten Workflows für maximale Effizienz

Die folgenden Abschnitte bieten Ihnen einen strukturierten Weg durch diese Phasen, mit konkreten Beispielen, praxisnahen Übungen und bewährten Techniken, die ich in zahlreichen Unternehmen erfolgreich implementiert habe.

Beginnen wir mit der Erkundung aufgabenübergreifender Copilot-Synergien und lernen, wie Sie verschiedene Microsoft 365-Anwendungen intelligent miteinander verbinden können. Wir werden sehen, wie Sie Copilot als zentralen Wissensmanager einsetzen können, der Informationen über Anwendungsgrenzen hinweg findet und nutzt. Anschließend werden wir uns damit beschäftigen, wie Sie Routineaufgaben durch Copilot automatisieren können, um mehr Zeit für wertschöpfende Tätigkeiten zu gewinnen.

Im zweiten Teil des Kapitels werden wir Ihre Copilot-Fähigkeiten nachhaltig verbessern, indem wir effektive Prompting-Techniken verfeinern und lernen, wie Sie Copilot an Ihre individuellen Bedürfnisse anpassen können. Das Ziel: Ein personalisiertes Produktivitätssystem, das perfekt auf Ihre Arbeitsweise zugeschnitten ist und Ihnen hilft, Ihr volles Potenzial zu entfalten.

5.1 Aufgabenübergreifende Copilot-Synergien Nutzen: M365-Apps Intelligent Verbinden

5.1.1 Informationen App-übergreifend Finden und Nutzen: Copilot als Ihr Zentraler Wissensmanager

Wissen ist in modernen Unternehmen oft wie ein Schatz vergraben, verteilt über unzählige Dokumente, E-Mails, Chats und Präsentationen. Ein Projektmanager, den ich kürzlich beriet, klagte: "Ich verbringe täglich mindestens eine Stunde damit, Informationen wiederzufinden, die irgendwo in unserem digitalen Universum existieren." Diese Fragmentierung kostet Zeit, Nerven und verhindert fundierte Entscheidungen. Mit Copilot als zentralem Wissensmanager gehört diese Herausforderung der Vergangenheit an.

Die einzigartige Stärke von Microsoft 365 Copilot liegt in seiner Fähigkeit, Daten und Informationen über Anwendungsgrenzen hinweg zu finden und zu verknüpfen. Statt in separaten Apps zu suchen, können Sie einen zentralen Anlaufpunkt nutzen, der den gesamten Informationsschatz Ihres digitalen Arbeitsplatzes durchsucht. Diese Funktion vermeidet nicht nur Zeitverschwendung, sondern eröffnet völlig neue Einsichtsmöglichkeiten durch die Verknüpfung bisher isolierter Informationsinseln.

Meine eigene Arbeitsweise wurde durch diese Fähigkeit grundlegend transformiert. Als Berater für digitale Transformation muss ich täglich auf Informationen aus verschiedensten Quellen zugreifen, von Kundengesprächen in Outlook bis zu technischen Spezifikationen in SharePoint-Dokumenten. Früher bedeutete dies ein ständiges Wechseln zwischen Anwendungen und mühsames Suchen. Heute stelle ich einfach eine Frage an Copilot und erhalte eine konsolidierte Antwort aus allen relevanten Quellen.

Der praktische Einstieg in das app-übergreifende Wissensmanagement beginnt mit dem Verständnis des Microsoft Graph, der im Hintergrund arbeitet. Diese technische Infrastruktur verbindet all Ihre Daten und Interaktionen innerhalb des Microsoft 365-Ökosystems miteinander. Copilot nutzt diese Verbindungen, um Informationen kontextübergreifend zu finden und zu verknüpfen. So kann eine Anfrage zu einem Kundenprojekt gleichzeitig E-Mails, Dokumente, Meetings und Chatverläufe berücksichtigen.

Die Zugangswege zu dieser übergreifenden Wissensfunktion sind vielfältig und flexibel:

- **Über das Copilot-Symbol** in der jeweiligen Anwendung, mit der Option, übergreifende Suchanfragen zu stellen
- **Direkt über Microsoft Search** in der oberen Leiste, die nun Copilot-Integration bietet
- **In Teams über den Chat mit Copilot**, wo Sie appübergreifende Informationen abfragen können
- **Über Microsoft Edge** mit seiner integrierten Copilot-Funktionalität

Ein Finanzcontroller aus meiner Beratungspraxis berichtete begeistert: "Früher musste ich für unsere Quartalsberichte Daten aus Excel, Outlook und Teams manuell zusammensuchen. Mit Copilot frage ich einfach: 'Zeige mir alle Informationen zum Q2-Budget' und erhalte sofort eine strukturierte Übersicht aller relevanten Inhalte, egal wo sie gespeichert sind."

Die effektive Nutzung von Copilot als zentraler Wissensmanager erfordert gezielte Prompts, die übergreifende Informationen abrufen. Ich empfehle folgende Prompt-Strategien, die ich mit meinen Klienten entwickelt habe:

1. **Themenübergreifende Suchprompts**

   - "Sammle alle Informationen zum Projekt Horizon aus meinen Emails, Dokumenten und Teams-Chats."

- "Finde alle Diskussionen und Entscheidungen zur Marketingkampagne 2025 aus allen verfügbaren Quellen."
- "Gib mir einen Überblick über alle Interaktionen mit Kunde XYZ aus den letzten drei Monaten."

2. **Korrelationsprompts**

- "Vergleiche die Verkaufsprognosen aus unseren Excel-Tabellen mit den tatsächlichen Kundenfeedbacks aus Teams und Outlook."
- "Stelle Verbindungen her zwischen den Budgetdiskussionen in Meetings und den tatsächlichen Ausgaben laut Finanzberichten."
- "Identifiziere Überschneidungen zwischen dem Projektplan in Planner und den besprochenen Risiken in Teams-Meetings."

3. **Synthese-Prompts**

- "Erstelle eine Zusammenfassung aller Informationen zum Thema Nachhaltigkeitsziele aus verschiedenen Dokumenten, Präsentationen und Besprechungen."
- "Analysiere alle Kommunikation mit Lieferanten und erstelle einen konsolidierten Überblick über offene Punkte."
- "Fasse alle Kundenfeedbacks aus verschiedenen Kanälen zusammen und identifiziere Hauptthemen."

Die praktische Umsetzung dieser app-übergreifenden Informationssuche folgt einem strukturierten Prozess:

- **Phase 1: Klare Zieldefinition** Formulieren Sie präzise, welche Informationen Sie suchen und zu welchem Zweck

- **Phase 2: Quellenspezifikation** Geben Sie bei Bedarf an, welche Apps oder Dokumenttypen einbezogen werden sollen

- **Phase 3: Kontextuelle Eingrenzung** Spezifizieren Sie relevante Zeiträume, Projekte oder Personen zur Fokussierung

- **Phase 4: Ergebnisverfeinerung** Iterieren Sie mit Folgeprompts, um die Ergebnisse weiter zu verfeinern und zu vertiefen

Eine Projektleiterin aus der Automobilindustrie beschrieb ihren typischen Workflow: "Ich beginne meinen Tag mit einem Copilot-Prompt: 'Was gibt es Neues zu meinen aktiven Projekten?' Die KI scannt dann E-Mails, Chats, Dokumente und Kalendereinträge und gibt mir einen konsolidierten Überblick. Das spart mir locker eine Stunde täglich und ich übersehe nichts Wichtiges mehr."

Die Integration in typische Arbeitsprozesse bietet zahlreiche Anwendungsfälle:

- **Projektvorbereitung**: Vor einem Meeting schnell alle relevanten Dokumente, E-Mails und Chats zu einem Projekt durchsuchen lassen
- **Entscheidungsfindung**: Alle Pro- und Contra-Argumente aus verschiedenen Diskussionen zu einer anstehenden Entscheidung zusammenfassen
- **Kundenkommunikation**: Vor einem Kundengespräch die komplette Interaktionshistorie über alle Kanäle hinweg erfassen
- **Wissensaufbau**: Bei neuen Themen schnell alle verfügbaren internen Informationen aus verschiedenen Quellen sammeln

Die Macht dieser übergreifenden Informationsnutzung zeigt sich besonders bei komplexen Themen. Ein IT-Manager berichtete mir von einem kritischen Sicherheitsvorfall: "Wir mussten schnell verstehen, welche Systeme betroffen waren. Mit einem einzigen Copilot-Prompt konnten wir alle relevanten Informationen aus technischen Dokumenten, Incident-Reports und Team-Chats zusammenführen und sofort handeln."

Die psychologischen Vorteile dieser zentralen Wissensorganisation gehen weit über Zeitersparnis hinaus. Viele meiner Klienten berichten von einer "kognitiven Entlastung" durch das Wissen, dass Informationen nicht mehr verloren gehen oder übersehen werden. Ein Controller beschrieb es treffend: "Ich fühle mich mental freier, weil ich nicht mehr ständig Angst haben muss, wichtige Informationen zu verpassen oder nicht wiederzufinden."

Datenschutz und Berechtigungen bleiben auch bei der app-übergreifenden Suche gewahrt. Copilot kann nur auf Informationen zugreifen, für die Sie die entsprechenden Zugriffsrechte besitzen. Diese Berechtigungsvererbung stellt sicher, dass vertrauliche Informationen geschützt bleiben. Für sensible Bereiche empfehle ich, spezifische Wissensdomänen in den Prompts anzugeben, um die Suche gezielt einzuschränken.

Die Qualität der Ergebnisse verbessert sich mit zunehmender Nutzung. Copilot lernt kontinuierlich Ihre Informationslandschaft kennen und liefert immer präzisere Antworten auf Ihre Fragen. Ein Vertriebsleiter bemerkte: "Nach einigen Wochen regelmäßiger Nutzung versteht Copilot genau, was ich mit bestimmten Begriffen und Projektnamen meine, und liefert immer relevantere Ergebnisse."

Der größte Produktivitätssprung entsteht, wenn Sie Copilot nicht nur zum Auffinden, sondern auch zur direkten Weiterverarbeitung von Informationen nutzen. Statt gefundene Dokumente manuell zu öffnen und zu bearbeiten, können Sie Copilot anweisen, direkt auf Basis der gefundenen Informationen neue Inhalte zu erstellen. Ein typischer Prompt wäre: "Erstelle eine Zusammenfassung des

Projektstatus basierend auf allen aktuellen Informationen zu Projekt Alpha und formatiere sie als Statusbericht."

Im nächsten Abschnitt werden wir erkunden, wie Sie diese Informationszentralisierung als Grundlage für die Automatisierung von Routineaufgaben nutzen können. Die Kombination aus intelligentem Wissensmanagement und automatisierten Workflows bildet das Herzstück eines vollständig integrierten Copilot-Ökosystems.

5.1.2 ROUTINEAUFGABEN DURCH COPILOT AUTOMATISIEREN: ZEIT FÜR WESENTLICHES ZURÜCKGEWINNEN

Zeit ist die kostbarste Ressource im modernen Arbeitsleben. Eine Studie des Fraunhofer-Instituts zeigte, dass Fachkräfte bis zu 40% ihrer Arbeitszeit mit Routineaufgaben verbringen, Tätigkeiten, die zwar notwendig, aber kaum wertschöpfend sind. In meinen Beratungsgesprächen höre ich regelmäßig Aussagen wie: "Ich verbringe mehr Zeit mit dem Organisieren meiner Arbeit als mit der eigentlichen Arbeit." Microsoft 365 Copilot bietet hier einen revolutionären Ansatz: die systematische Automatisierung wiederkehrender Aufgaben, um Zeit für das Wesentliche zurückzugewinnen.

Die Identifikation geeigneter Automatisierungskandidaten bildet den Schlüssel für einen erfolgreichen Einstieg. Ich empfehle meinen Klienten, zunächst eine persönliche "Zeitfresser-Analyse" durchzuführen. Notieren Sie eine Woche lang alle Routineaufgaben, die Sie erledigen, und die dafür aufgewendete Zeit. Die Ergebnisse sind oft überraschend. Ein Vertriebsleiter eines mittelständischen Unternehmens stellte fest, dass er wöchentlich fast fünf Stunden allein mit dem Erstellen standardisierter Berichte verbrachte, eine perfekte Gelegenheit für Copilot-Automatisierung.

Typische Routineaufgaben, die sich hervorragend für die Automatisierung mit Copilot eignen, lassen sich in verschiedene Kategorien einteilen:

1. **Kommunikationsroutinen**

   - Verfassen standardisierter E-Mail-Antworten auf wiederkehrende Anfragen
   - Erstellen von Meeting-Zusammenfassungen und Protokollen
   - Formulieren von Status-Updates für regelmäßige Team-Meetings

2. **Dokumentenerstellung**

   - Generieren von Standardberichten aus vorhandenen Daten
   - Erstellen von Dokumentvorlagen für wiederkehrende Dokumente
   - Umwandlung von Notizen in strukturierte Dokumente

3. **Informationsverarbeitung**

   - Zusammenfassen langer E-Mail-Threads oder Dokumentationen
   - Extraktion relevanter Informationen aus umfangreichen Texten
   - Kategorisierung und Priorisierung eingehender Informationen

4. **Datenanalyse**

   - Erstellung regelmäßiger Auswertungen aus Excel-Tabellen
   - Generierung von Standard-Diagrammen für Berichte
   - Überwachung von Kennzahlen und Identifikation von Abweichungen

Die praktische Umsetzung der Automatisierung mit Copilot erfolgt in drei Schritten. Meine Klienten, die diesen Ansatz verfolgen, berichten von Zeitersparnissen von 30-50% bei Routineaufgaben.

- **Schritt 1: Aufgabe präzise definieren** Beschreiben Sie genau, welche Aufgabe automatisiert werden soll und welches Ergebnis Sie erwarten. Je klarer die Definition, desto besser das Ergebnis.

- **Schritt 2: Prompt-Vorlage erstellen** Entwickeln Sie eine wiederverwendbare Anweisung für Copilot, die die Aufgabe exakt beschreibt. Speichern Sie diese als Vorlage für künftige Nutzung.

- **Schritt 3: Workflow integrieren** Fügen Sie die Copilot-Automatisierung nahtlos in Ihren Arbeitsablauf ein, sodass sie zu einem natürlichen Teil Ihrer Routine wird.

Ein Abteilungsleiter aus der Versicherungsbranche, den ich betreue, hat seinen wöchentlichen Berichtsprozess revolutioniert. Früher verbrachte er jeden Freitag zwei Stunden damit, Daten zu sammeln, zu analysieren und einen Statusbericht zu verfassen. Heute markiert er die relevanten Daten, aktiviert Copilot und erhält innerhalb von Minuten einen strukturierten Bericht, den er nur noch kurz prüfen und anpassen muss. Seine Zeitersparnis: 80%.

Die Erstellung wiederverwendbarer Prompt-Vorlagen bildet das Herzstück effektiver Automatisierung. Statt Copilot jedes Mal neu instruieren zu müssen, entwickeln Sie eine Sammlung präziser Anweisungen, die Sie für wiederkehrende Aufgaben nutzen können. Ein praktisches Beispiel für eine Meeting-Protokoll-Vorlage könnte lauten: "Erstelle ein strukturiertes Protokoll aus den folgenden Meeting-Notizen. Gliedere es in Teilnehmer, besprochene Themen, getroffene Entscheidungen und Aktionspunkte mit Verantwortlichen und

Terminen. Formatiere die Aktionspunkte als Aufzählung mit Checkboxen."

Das Speichern und Organisieren Ihrer Automatisierungsvorlagen erfolgt idealerweise in einer zentralen Sammlung. Viele meiner Klienten nutzen hierfür:

- Ein dediziertes OneNote-Notizbuch mit Registern für verschiedene Aufgabentypen
- Ein Word-Dokument mit Formatvorlagen für unterschiedliche Prompts
- Einen speziellen Teams-Kanal zum Teilen erfolgreicher Automatisierungsvorlagen im Team

Die transformative Kraft der Routineautomatisierung zeigt sich besonders bei Team-übergreifenden Prozessen. Eine Projektmanagerin berichtete mir, wie ihr gesamtes Team nun standardisierte Projektstatusupdates durch Copilot erstellen lässt. Das Ergebnis: konsistentere Berichte, weniger Rückfragen und eine Zeitersparnis von durchschnittlich 45 Minuten pro Mitarbeiter und Woche.

Die psychologischen Vorteile dieser systematischen Automatisierung gehen weit über die reine Zeitersparnis hinaus. Viele meiner Klienten berichten von einer spürbaren Reduktion mentaler Belastung, da die kognitive Last repetitiver Aufgaben entfällt. Ein Marketingleiter beschrieb diesen Effekt treffend: "Es ist nicht nur die gesparte Zeit, sondern das befreiende Gefühl, meinen Arbeitstag nicht mehr mit administrativen Kleintätigkeiten zu beginnen, sondern direkt mit kreativen, wertschöpfenden Aufgaben starten zu können."

Komplexere Automatisierungen lassen sich durch die Kombination verschiedener Copilot-Fähigkeiten realisieren. Ein Vertriebsteam, das ich betreue, hat einen beeindruckenden Workflow entwickelt: Copilot analysiert zunächst die wöchentlichen Verkaufszahlen in Excel, extrahiert die wichtigsten Trends und Auffälligkeiten, erstellt daraus eine PowerPoint-Präsentation und verfasst gleichzeitig eine E-Mail mit den Kernerkenntnissen für die Geschäftsleitung. Was früher einen halben Arbeitstag in Anspruch nahm, erledigt das Team nun in unter einer Stunde.

Die Qualitätssicherung automatisierter Ergebnisse bleibt ein wichtiger Aspekt. Ich rate meinen Klienten, jede Copilot-Ausgabe kritisch zu prüfen, bevor sie weiterverwendet wird. Mit zunehmender Erfahrung lassen sich die Prompts immer präziser formulieren, was zu stetig verbesserten Ergebnissen führt. Ein IT-Manager beschrieb seine Erfahrung so: "Am Anfang musste ich etwa 40% der generierten Texte anpassen. Nach drei Monaten Feinabstimmung meiner Prompts liegt die Rate bei unter 10%."

Die sinnvolle Nutzung der zurückgewonnenen Zeit entscheidet letztlich über den wahren Wert der Automatisierung. Ich empfehle meinen Klienten, bewusst zu planen, wofür sie die gewonnene Zeit einsetzen möchten. Die besten Resultate erzielen jene, die gezielt in drei Bereiche investieren:

1. **Strategische Denkarbeit**

   - Langfristige Planung und Strategieentwicklung
   - Analyse von Trends und Zukunftsszenarien
   - Reflexion über bisherige Ergebnisse und Verbesserungspotenziale

2. **Kreative Tätigkeiten**

   - Entwicklung neuer Ideen und Konzepte
   - Lösung komplexer Probleme
   - Innovationsprojekte und Experimente

3. **Beziehungsarbeit**

   - Intensivere Gespräche mit Teammitgliedern
   - Vertiefung von Kundenbeziehungen
   - Mentoring und Coaching von Mitarbeitern

Ein spezifisches Beispiel aus meiner Beratungspraxis verdeutlicht das Potenzial: Eine Teamleiterin im Kundenservice automatisierte die Erstellung ihrer täglichen Arbeitsberichte mit Copilot. Die gewonnenen 30 Minuten investierte sie konsequent in persönliche Gespräche mit ihren Mitarbeitern. Nach drei Monaten zeigte eine Umfrage eine deutliche Steigerung der Teamzufriedenheit, und die Fluktuationsrate sank um beachtliche 18%.

Die kontinuierliche Optimierung Ihrer Automatisierungsroutinen sollte als fortlaufender Prozess verstanden werden. Ich empfehle meinen Klienten, monatlich ihre Copilot-Vorlagen zu überprüfen und anzupassen. Fragen Sie sich:

- Welche Aufgaben könnten zusätzlich automatisiert werden?
- Wie können bestehende Prompts verfeinert werden?
- Welche neuen Copilot-Funktionen könnten integriert werden?

Im nächsten Abschnitt werden wir uns damit beschäftigen, wie Sie Ihre Copilot-Fähigkeiten nachhaltig verbessern können, indem Sie Ihre Prompting-Techniken verfeinern und präzise Ergebnisse erzielen. Diese fortgeschrittenen Methoden bauen auf den Grundlagen der Workflow-Integration auf und helfen Ihnen, das volle Potenzial von Microsoft 365 Copilot auszuschöpfen.

5.2 IHRE COPILOT-FÄHIGKEITEN NACHHALTIG VERBESSERN: KONTINUIERLICH EFFIZIENTER WERDEN

5.2.1 EFFEKTIVE PROMPTING-TECHNIKEN VERFEINERN: PRÄZISERE ERGEBNISSE VON COPILOT ERZIELEN

Die Kunst des effektiven Promptings entscheidet maßgeblich über Ihre Erfolge mit Microsoft 365 Copilot. Ein durchschnittlicher Prompt führt zu mittelmäßigen Ergebnissen, während ein präzise formulierter Prompt beeindruckende Resultate liefert. In meinen Workshops erlebe ich regelmäßig die Überraschung der Teilnehmer, wenn sie erkennen, wie stark sich die Qualität der Copilot-Antworten durch bessere Prompts verändert. "Ich hätte nie gedacht, dass ein paar Anpassungen in der Formulierung so viel ausmachen können", berichtete mir ein Projektmanager, nachdem seine überarbeiteten Prompts zu deutlich nützlicheren Analysen führten.

Das Geheimnis präziser Ergebnisse liegt in der Spezifität Ihrer Anfragen. Vage Anweisungen wie "Fasse dieses Dokument zusammen" führen zu generischen Antworten. Konkrete Prompts hingegen, die Kontext, Ziel und gewünschtes Format beinhalten, liefern maßgeschneiderte Resultate. Ein Finanzanalyst aus meiner Beratungspraxis formulierte seinen Prompt um von "Analysiere diese Verkaufszahlen" zu "Erstelle eine detaillierte Analyse der Verkaufszahlen des ersten Quartals mit Fokus auf Wachstumsraten pro Region, identifiziere die drei leistungsstärksten Produktkategorien und visualisiere die Ergebnisse in einem übersichtlichen Diagramm." Der Unterschied in der Qualität der Copilot-Antwort war bemerkenswert.

Die Struktur eines effektiven Prompts folgt idealerweise dem SCOPE-Prinzip, das ich für meine Klienten entwickelt habe:

- **Spezifisch**: Definieren Sie genau, was Sie benötigen, vermeiden Sie Allgemeinplätze
- **Kontext**: Geben Sie relevante Hintergrundinformationen und Zusammenhänge
- **Outcome**: Beschreiben Sie das gewünschte Ergebnis und Format
- **Perspektive**: Legen Sie fest, aus welchem Blickwinkel oder mit welcher Expertise Copilot antworten soll
- **Einschränkungen**: Nennen Sie Limits, Fokusgebiete oder zu vermeidende Aspekte

Ein Vertriebsleiter eines mittelständischen Unternehmens setzte dieses Prinzip erfolgreich um. Statt Copilot zu bitten, "eine E-Mail an einen Kunden zu schreiben", formulierte er: "Verfasse eine freundliche, aber direkte Nachverfolgungsemail (S) an einen Bestandskunden, der seit drei Monaten nicht geantwortet hat und dessen Wartungsvertrag nächsten Monat ausläuft (K). Die E-Mail sollte einen konkreten Terminvorschlag für ein kurzes Gespräch enthalten und die Vorteile der Vertragsverlängerung in drei Punkten zusammenfassen (O). Schreibe aus der Perspektive eines langjährigen Kundenbetreuers, der an einer nachhaltigen Geschäftsbeziehung interessiert ist (P). Halte die E-Mail unter 150 Wörtern und vermeide Verkaufsdruck (E)."

Meine Erfahrung mit hunderten von Nutzern zeigt, dass bestimmte Prompt-Elemente besonders wirksam sind:

1. **Rollenanweisungen**

   - "Agiere als erfahrener Projektmanager mit Expertise in agilen Methoden"
   - "Nimm die Perspektive eines kritischen Reviewers ein"
   - "Antworte als Experte für digitales Marketing mit Fokus auf B2B-Strategien"
2. **Formatierungsanweisungen**

- "Strukturiere die Antwort als übersichtliche Tabelle mit drei Spalten"
- "Unterteile das Ergebnis in klar abgegrenzte Abschnitte mit beschreibenden Zwischenüberschriften"
- "Präsentiere die Informationen als nummerierte Liste mit maximal fünf Hauptpunkten"

3. **Tonalitätsanweisungen**

- "Verwende einen sachlichen, faktenorientierten Ton ohne Füllwörter"
- "Antworte in einem motivierenden, lösungsorientierten Stil"
- "Halte die Sprache einfach und verständlich, als würdest du mit einem Nicht-Experten sprechen"

Die Iteration von Prompts stellt einen Schlüsselfaktor für herausragende Ergebnisse dar. Betrachten Sie Ihren ersten Prompt als Ausgangspunkt, nicht als finale Version. Eine Marketingdirektorin aus meiner Beratungspraxis entwickelte eine effektive Drei-Schritt-Methode für ihre Prompts:

- **Schritt 1: Basis-Prompt** Formulieren Sie eine grundlegende Anfrage, um ein erstes Ergebnis zu erhalten

- **Schritt 2: Analyse und Anpassung** Identifizieren Sie, was im ersten Ergebnis fehlt oder verbessert werden könnte

- **Schritt 3: Verfeinerter Folge-Prompt** Geben Sie spezifische Anweisungen zur Verbesserung oder Neuausrichtung

Diese iterative Herangehensweise führt zu kontinuierlich besseren Ergebnissen. Die Marketingdirektorin berichtete, dass die dritte Iteration ihrer Prompts regelmäßig zu Ergebnissen führt, die kaum noch Anpassungen benötigen.

Die Technik des "Chain-of-Thought Prompting" kann die Qualität komplexer Analysen erheblich verbessern. Hierbei fordern Sie Copilot explizit auf, seinen Denkprozess offenzulegen. Ein Controller nutzt diese Technik regelmäßig mit Prompts wie: "Analysiere diese Budgetabweichungen Schritt für Schritt. Erkläre zunächst die Methodik deiner Analyse, dann die identifizierten Muster und schließlich die möglichen Ursachen." Diese Technik führt zu durchdachteren, nachvollziehbaren Ergebnissen und hilft, potenzielle Fehler frühzeitig zu erkennen.

Die Einbeziehung von Beispielen in Ihre Prompts kann die Treffsicherheit dramatisch erhöhen. Statt Copilot zu bitten, "einen professionellen E-Mail-Abschluss zu formulieren", ist es effektiver zu schreiben: "Formuliere drei Varianten eines professionellen E-Mail-Abschlusses im Stil von 'Mit freundlichen Grüßen, [Name], [Position], [Unternehmen]'." Durch das konkrete Beispiel versteht Copilot genau, welches Format und welchen Stil Sie erwarten.

Besonders wertvoll für die kontinuierliche Verbesserung Ihrer Prompting-Fähigkeiten ist das Führen einer persönlichen Prompt-Bibliothek. Eine Teamleiterin aus dem Personalbereich hat ein strukturiertes OneNote-Notizbuch angelegt, in dem sie erfolgreiche Prompts für wiederkehrende Aufgaben sammelt. Diese Bibliothek umfasst Kategorien wie "Meeting-Vorbereitung", "Dokumentenerstellung" und "Datenanalyse". Bei Bedarf kann sie auf bewährte Formulierungen zurückgreifen und diese an aktuelle Anforderungen anpassen, statt jedes Mal von Grund auf zu beginnen.

Ein häufiger Stolperstein beim Prompting liegt in zu vagen oder zu allgemeinen Anweisungen. Vermeiden Sie unspezifische Aufforderungen wie "Verbessere dies" oder "Mach das besser". Diese geben Copilot keinen klaren Handlungsrahmen. Stattdessen sollten Sie konkret werden: "Kürze diesen Text um 30% und fokussiere dabei auf die zentralen Argumente, während du technische Details reduzierst." Je präziser Ihre Anweisung, desto gezielter kann Copilot darauf reagieren.

Die systematische Nutzung von Constraint-Prompting hat sich als besonders effektiv erwiesen. Dabei begrenzen Sie bewusst den Handlungsspielraum von Copilot, um fokussiertere Ergebnisse zu erzielen. Ein Projektmanager formuliert regelmäßig Einschränkungen wie: "Beschränke dich auf drei konkrete Handlungsempfehlungen" oder "Verwende ausschließlich Informationen aus dem bereitgestellten Dokument, keine externen Quellen." Diese Einschränkungen verhindern ausufernde oder zu allgemeine Antworten.

Für komplexe, mehrstufige Aufgaben empfehle ich die Technik des "Task Decomposition Prompting". Statt Copilot mit einer komplexen Gesamtaufgabe zu überfordern, gliedern Sie diese in logische Teilschritte. Ein Finanzanalyst nutzt diesen Ansatz mit Prompts wie: "Analysiere diesen Finanzbericht in folgenden Schritten: 1. Identifiziere die wichtigsten Kennzahlen und ihre Entwicklung, 2. Vergleiche die Ergebnisse mit dem Vorquartal, 3. Erstelle eine Prognose für das kommende Quartal basierend auf den aktuellen Trends." Diese strukturierte Herangehensweise führt zu gründlicheren und methodischeren Ergebnissen.

Das Feedback-basierte Prompting stellt eine fortgeschrittene Technik dar, bei der Sie Copilot aktiv Rückmeldung zu seinen eigenen Antworten geben lassen. Ein typischer Prompt hierfür lautet: "Erstelle einen ersten Entwurf für eine Projektbeschreibung. Analysiere anschließend kritisch die Stärken und Schwächen deines Entwurfs und schlage konkrete Verbesserungen vor." Diese Selbstevaluierung führt zu reflexiveren und qualitativ hochwertigeren Ergebnissen, da Copilot gezwungen wird, seine eigene Ausgabe kritisch zu betrachten.

Die Kombination verschiedener Prompt-Techniken potenziert deren Wirksamkeit. Eine Kommunikationsberaterin, die ich betreue, verbindet regelmäßig Rollenanweisungen mit Formatierungsvorgaben und Constraint-Prompting. Ein typischer kombinierter Prompt könnte lauten: "Agiere als erfahrener Wissenschaftsjournalist (Rolle), der komplexe

Forschungsergebnisse für ein Laienpublikum aufbereitet. Erstelle eine prägnante Zusammenfassung dieser Studie in Form einer strukturierten Übersicht mit maximal fünf Schlüsselerkenntnissen (Format). Verzichte auf Fachjargon und beschränke dich auf die praktischen Implikationen der Forschung (Constraints)."

Die kontinuierliche Verfeinerung Ihrer Prompting-Techniken zahlt sich in Form von Zeitersparnis und besseren Ergebnissen aus. Ein Vertriebsleiter, der diesen Ansatz konsequent verfolgte, berichtete von einer Reduzierung seiner Berichterstellungszeit um 60% bei gleichzeitiger Verbesserung der Berichtsqualität. Diese Effizienzgewinne kumulieren sich über die Zeit und führen zu einer nachhaltigen Produktivitätssteigerung.

Im nächsten Abschnitt werden wir erkunden, wie Sie Copilot noch spezifischer an Ihre individuellen Bedürfnisse anpassen können, um ein vollständig personalisiertes Produktivitätssystem zu entwickeln. Die Kombination aus effektivem Prompting und persönlicher Anpassung bildet die Grundlage für eine optimale Integration von Copilot in Ihren Arbeitsalltag.

5.2.2 COPILOT AN IHRE INDIVIDUELLEN BEDÜRFNISSE ANPASSEN: PERSÖNLICHE PRODUKTIVITÄTS-HACKS ENTWICKELN

Die wahre Kraft eines Werkzeugs entfaltet sich erst durch persönliche Anpassung. So wie ein maßgeschneiderter Anzug besser sitzt als Konfektionsware, steigert ein individualisierter Copilot-Workflow Ihre Produktivität erheblich. In meiner Beratungspraxis beobachte ich einen klaren Unterschied: Anwender, die Copilot nach standardisierten Vorgaben nutzen, erzielen Effizienzgewinne von 15-25%. Jene, die das System gezielt an ihre Arbeitsweise anpassen, berichten von Produktivitätssteigerungen von 30-50%. Diese beeindruckende

Differenz rechtfertigt den anfänglichen Aufwand der Personalisierung mehr als deutlich.

Der Weg zur persönlichen Copilot-Optimierung beginnt mit der Analyse Ihrer Arbeitsroutinen. Ich empfehle meinen Klienten, eine Woche lang ein "Arbeitsprotokoll" zu führen und ihre täglichen Aufgaben zu dokumentieren. Besonders aufschlussreich ist die Identifikation wiederkehrender Muster: Welche Tätigkeiten erledigen Sie regelmäßig? Welche Aufgaben kosten überproportional viel Zeit? Wo entstehen Frustrationspunkte? Eine Teamleiterin eines Versicherungsunternehmens entdeckte durch diese Analyse, dass sie wöchentlich fast vier Stunden mit der manuellen Zusammenstellung von Statusberichten verbrachte, eine perfekte Gelegenheit für eine maßgeschneiderte Copilot-Lösung.

Die persönliche Copilot-Anpassung erfolgt auf mehreren Ebenen, die sich ergänzen und verstärken:

1. **Individuelle Prompt-Bibliothek aufbauen**

   - Erstellen Sie eine persönliche Sammlung erfolgreicher Prompts für Ihre typischen Aufgaben
   - Organisieren Sie diese nach Anwendungen oder Aufgabentypen
   - Pflegen und verfeinern Sie diese Sammlung kontinuierlich basierend auf Ihren Erfahrungen

2. **Workflow-Optimierung durch Verknüpfung**

   - Entwickeln Sie mehrstufige Workflows, die verschiedene Copilot-Funktionen kombinieren
   - Automatisieren Sie Übergänge zwischen verschiedenen Arbeitsschritten
   - Integrieren Sie Copilot in Ihre bestehenden Arbeitsprozesse, statt diese komplett umzustellen

3. **Persönliche Arbeitsstil-Anpassung**

   - Passen Sie Copilot an Ihre Denk- und Arbeitsweise an, nicht umgekehrt

- Berücksichtigen Sie Ihre Präferenzen für Detailgrad, Formatierung und Kommunikationsstil
- Integrieren Sie Ihre Fachsprache und branchenspezifische Terminologie

Ein Vertriebsleiter aus dem Technologiesektor entwickelte eine beeindruckende persönliche Anpassung für seine wöchentlichen Kundenbesuche. Er kreierte einen mehrstufigen Workflow: Zunächst lässt er Copilot alle relevanten Kundeninformationen aus CRM, E-Mails und Teams-Chats zusammenführen. Anschließend generiert die KI gezielte Gesprächspunkte und Verkaufschancen. Nach dem Treffen diktiert er seine Notizen und lässt Copilot automatisch eine strukturierte Zusammenfassung erstellen, die direkt ins CRM einfliesst. Seine Zeitersparnis: 90 Minuten pro Kundentermin.

Die Entwicklung persönlicher Produktivitäts-Hacks folgt einem systematischen Prozess, den ich in meinen Workshops lehre:

- **Phase 1: Identifikation** Erkennen Sie Ihre wiederkehrenden Aufgaben und Herausforderungen

- **Phase 2: Konzeption** Entwerfen Sie maßgeschneiderte Copilot-Lösungen für diese spezifischen Aufgaben

- **Phase 3: Implementierung** Erstellen Sie präzise Prompts und Workflows für Ihre individuellen Anwendungsfälle

- **Phase 4: Iteration** Testen, verfeinern und optimieren Sie Ihre Lösungen kontinuierlich

Besonders wirkungsvoll sind persönliche Anpassungen in Bereichen mit hohem Standardisierungsgrad. Eine Personalreferentin entwickelte ein personalisiertes System für Bewerbungsprozesse. Sie kreierte spezialisierte Prompts für die Analyse von Lebensläufen, die Erstellung personalisierter Antwortschreiben und die Vorbereitung strukturierter Interviewfragen. Die Prompts integrieren die spezifischen

Anforderungen ihres Unternehmens und ihre persönlichen Bewertungskriterien. Diese maßgeschneiderte Lösung reduzierte ihre administrative Belastung um 60% und verbesserte gleichzeitig die Qualität der Kandidatenauswahl.

Die Integration persönlicher Präferenzen in Ihre Copilot-Nutzung steigert nicht nur die Effizienz, sondern auch die Zufriedenheit. Ein Finanzcontroller erläuterte mir seinen Ansatz: "Ich bin ein sehr visuell orientierter Mensch. Deshalb habe ich alle meine Copilot-Prompts für Datenanalysen so angepasst, dass sie automatisch übersichtliche Visualisierungen erzeugen, statt nur textbasierte Zusammenfassungen." Diese Anpassung an seinen persönlichen kognitiven Stil führte zu schnelleren Entscheidungen und präziseren Analysen.

Die Synchronisation mit persönlichen Produktivitätssystemen bildet einen weiteren Schlüsselaspekt. Viele meiner Klienten integrieren Copilot in ihre bestehenden Methoden wie Getting Things Done (GTD), Pomodoro oder Zettelkasten. Eine Projektmanagerin, die mit der GTD-Methode arbeitet, entwickelte spezifische Prompts zur Unterstützung jedes GTD-Schritts: Erfassen, Klären, Organisieren, Reflektieren und Umsetzen. Copilot unterstützt ihren persönlichen Workflow, anstatt ihn zu ersetzen, was die Adaptionsbarriere erheblich senkt.

Rollenspezifische Anpassungen stellen eine besonders wertvolle Personalisierungsebene dar. Ein Marketing-Team, das ich betreue, entwickelte spezialisierte Copilot-Templates für verschiedene Teamrollen:

1. **Content-Manager**

   - Maßgeschneiderte Prompts für die Erstellung und Optimierung von Content-Plänen
   - Spezialisierte Analysevorlagen für Content-Performance-Daten

- Personalisierte Workflows für Content-Adaption über verschiedene Kanäle

2. **Social Media Specialist**

- Angepasste Vorlagen für plattformspezifische Posts
- Spezialisierte Prompts für Engagement-Analysen
- Individuelle Workflows für Trend-Monitoring und Reaktionserstellung

3. **SEO-Experte**

- Personalisierte Keyword-Analyse-Prompts
- Maßgeschneiderte Content-Optimierungsworkflows
- Spezialisierte Vorlagen für SEO-Performance-Berichte

Diese rollenspezifischen Anpassungen führten zu einer erheblichen Effizienzsteigerung und besseren Teamkoordination, da jedes Mitglied Copilot optimal für seine spezifischen Aufgaben nutzen konnte.

Die Entwicklung persönlicher Abkürzungen und Prompt-Makros stellt eine fortgeschrittene Personalisierungsstrategie dar. Ein Consultant aus meinem Netzwerk entwickelte ein System von "Prompt-Shortcuts": Kurze, prägnante Codes, die für komplexe, häufig verwendete Prompts stehen. Beispielsweise bedeutet sein Shortcut "M1" einen detaillierten Prompt für die Erstellung einer Meeting-Agenda mit spezifischer Struktur, während "R3" einen komplexen Analyseprompt für Quartalsdaten auslöst. Diese persönliche Stenografie beschleunigt seine Interaktion mit Copilot erheblich.

Die Anpassung an persönliche Kommunikationspräferenzen verbessert insbesondere die Zusammenarbeit mit Kollegen. Eine Führungskraft eines mittelständischen Unternehmens konfigurierte Copilot, um Nachrichten in ihrem prägnanten, direkten Kommunikationsstil zu formulieren. Sie erstellte

Prompt-Vorlagen, die ihre typischen Formulierungen, bevorzugte Satzstrukturen und charakteristischen Ausdrücke integrieren. Das Ergebnis: Die von Copilot erstellten Texte sind von ihren selbst verfassten kaum zu unterscheiden, was die Authentizität ihrer Kommunikation wahrt.

Die Integration branchenspezifischer Terminologie und Compliance-Anforderungen bildet einen weiteren wertvollen Personalisierungsaspekt. Ein Justitiar eines Pharmaunternehmens entwickelte spezialisierte Prompts, die automatisch relevante Rechtsvorschriften und Compliance-Richtlinien berücksichtigen. Seine personalisierten Workflows integrieren die spezifische Fachsprache seiner Branche und stellen sicher, dass alle generierten Dokumente den strengen regulatorischen Anforderungen entsprechen.

Die psychologischen Vorteile personalisierter Copilot-Nutzung sollten nicht unterschätzt werden. Viele meiner Klienten berichten von einem gesteigerten Gefühl der Kontrolle und Selbstwirksamkeit. Eine Teamleiterin drückte es treffend aus: "Wenn Copilot nach meinen Vorgaben arbeitet, fühlt es sich an, als hätte ich einen Assistenten, der wirklich versteht, wie ich denke und arbeite. Das reduziert den mentalen Aufwand enorm und macht die Zusammenarbeit viel natürlicher."

Die kontinuierliche Verfeinerung Ihrer persönlichen Anpassungen ist entscheidend für langfristigen Erfolg. Ich empfehle meinen Klienten, monatlich ihre Produktivitäts-Hacks zu evaluieren und weiterzuentwickeln. Stellen Sie sich regelmäßig diese Fragen:

- Welche personalisierten Lösungen sparen mir am meisten Zeit?
- Wo stoße ich noch auf Frustration oder Ineffizienz?
- Welche neuen Aufgaben könnten von personalisierten Copilot-Workflows profitieren?

Ein IT-Manager beschrieb seinen Optimierungsprozess: "Ich führe ein Copilot-Logbuch, in dem ich erfolgreiche Anpassungen und Verbesserungsmöglichkeiten dokumentiere. Jeden Monat nehme ich mir eine Stunde Zeit, um meine Workflows zu verfeinern. Diese Investition hat sich vielfach ausgezahlt."

Die Kombination verschiedener Personalisierungsebenen potenziert den Produktivitätsgewinn. Ein Vertriebsexperte entwickelte ein umfassendes persönliches System, das rollenspezifische Prompts, individuelle Kommunikationspräferenzen und branchenspezifische Terminologie integriert. Zudem schuf er maßgeschneiderte Workflows, die seine gesamte Customer Journey abbilden, von der Erstansprache bis zur Kundenbindung. Seine Zeitersparnis durch dieses hochgradig personalisierte System schätzt er auf über 10 Stunden wöchentlich.

Die in diesem Kapitel vorgestellten Strategien zur Personalisierung und Workflow-Optimierung bilden den Höhepunkt Ihrer Copilot-Reise. Sie haben nun das Wissen und die Werkzeuge, um Microsoft 365 Copilot vollständig an Ihre individuellen Bedürfnisse anzupassen und in Ihren Arbeitsalltag zu integrieren. Der Schlüssel zum langfristigen Erfolg liegt in der kontinuierlichen Weiterentwicklung und Verfeinerung Ihrer persönlichen Produktivitäts-Hacks, um das volle Potenzial dieser transformativen Technologie auszuschöpfen.

SCHLUSSFOLGERUNG

Stellen Sie sich vor, wie Sie vor einigen Jahren auf Ihren Arbeitsalltag geschaut haben. Die ständigen E-Mail-Fluten, die zeitraubende Erstellung von Präsentationen, das Ringen mit Excel-Formeln, all diese täglichen Herausforderungen schienen unvermeidliche Hürden in der modernen Arbeitswelt zu sein. Heute stehen wir an einem Wendepunkt. Microsoft 365 Copilot hat die Spielregeln grundlegend verändert und eröffnet neue Möglichkeiten, wie wir arbeiten, kommunizieren und kreativ sein können. Was vor kurzem noch nach Zukunftsmusik klang, ist jetzt greifbare Realität in unseren täglichen Arbeitsabläufen.

Die Reise, die wir in diesem Buch gemeinsam unternommen haben, spiegelt mehr als nur technisches Wissen wider. Sie repräsentiert einen fundamentalen Wandel in der Art und Weise, wie wir über unsere Arbeit denken können. Von der anfänglichen Überwindung der Komplexitätsbarriere bis hin zur nahtlosen Integration von KI in Ihren persönlichen Workflow haben Sie Schritt für Schritt die Schlüssel zu einer neuen Dimension der Produktivität erhalten.

Erinnern Sie sich an die Herausforderungen, mit denen wir begonnen haben? Die Sorge vor einer steilen Lernkurve, die Unsicherheit, ob sich der Aufwand lohnt, die Befürchtung, dass KI zu kompliziert sein könnte oder zu viel Zeit zum Erlernen beansprucht. Diese Hürden haben wir systematisch abgebaut. Durch den Fokus auf die wichtigsten, unmittelbar wertschaffenden Funktionen von Copilot haben wir einen Weg gefunden, der ohne unnötige Umwege direkt zu mehr Effizienz führt.

Der vielleicht wertvollste Aspekt dieser Transformation liegt in der zurückgewonnenen Zeit. Ein Projektmanager in einem meiner Workshops fasste es prägnant zusammen: "Copilot hat mir nicht einfach nur Zeit geschenkt, sondern die Qualität meiner Zeit verändert." Diese Aussage berührt den Kern dessen, was wir erreichen wollten. Es geht nicht nur darum, Aufgaben schneller zu erledigen, sondern den Charakter unserer Arbeit zu verändern, weg von der Routine, hin zu wertschöpfender, kreativer und strategischer Tätigkeit.

Ich habe in den letzten Jahren zahlreiche Technologieeinführungen in deutschen Unternehmen begleitet und kann mit Überzeugung sagen: Selten hat ein Werkzeug so unmittelbare und tiefgreifende Auswirkungen gehabt wie Copilot. Die Möglichkeit, komplexe Prozesse zu vereinfachen, repetitive Aufgaben zu automatisieren und kreative Arbeit zu beschleunigen, stellt einen Quantensprung in unserer beruflichen Entwicklung dar.

Was bedeutet dies nun für Ihre weitere Reise mit Copilot? Lassen Sie uns einen Moment innehalten und in die Zukunft blicken. Die Technologie entwickelt sich rasant weiter, und mit jedem Update erweitert sich das Spektrum der Möglichkeiten. Doch der entscheidende Faktor für Ihren anhaltenden Erfolg liegt nicht primär in der Technologie selbst, sondern in Ihrer Fähigkeit, sie strategisch einzusetzen.

Ihre persönliche Copilot-Strategie sollte auf drei Säulen ruhen:

- **Kontinuierliches Experimentieren**: Nehmen Sie sich regelmäßig Zeit, neue Anwendungsfälle zu erkunden und Ihre Prompts zu verfeinern. Die besten Ergebnisse entstehen oft durch spielerisches Ausprobieren und kreatives Denken außerhalb gewohnter Bahnen.

- **Workflow-Integration**: Bauen Sie Copilot systematisch in Ihre täglichen Arbeitsabläufe ein. Je nahtloser die Integration, desto größer der Nutzen. Entwickeln Sie persönliche Routinen und Automatismen, die Ihre spezifischen Bedürfnisse adressieren.

- **Wissensaustausch**: Teilen Sie Ihre Erkenntnisse und lernen Sie von anderen. Jeder Nutzer entdeckt unterschiedliche Anwendungsfälle und Techniken. Durch kollaboratives Lernen multipliziert sich der Wert von Copilot für das gesamte Team.

Die vielleicht wichtigste Erkenntnis aus unserer gemeinsamen Reise ist die Notwendigkeit eines Perspektivwechsels. Copilot ist nicht einfach ein weiteres Tool in Ihrem digitalen Werkzeugkasten, sondern ein intelligenter Partner, der Ihre Arbeitsweise grundlegend verändern kann. Diese Partnerschaft erfordert ein neues Denken, bei dem Sie die Stärken der KI nutzen, während Sie Ihre einzigartigen menschlichen Fähigkeiten wie Kreativität, Empathie und strategisches Denken einbringen.

Ein mittelständischer Unternehmer beschrieb mir kürzlich seine Erfahrung: "Ich sehe Copilot nicht mehr als separate Software, sondern als verlängerten Arm meines Denkens. Es ist, als hätte ich ständig einen brillanten Assistenten an meiner Seite, der meine Gedanken aufgreift und weiterentwickelt." Diese symbiotische Beziehung zwischen Mensch und KI repräsentiert die Zukunft der Wissensarbeit.

Die Bedeutung dieser Transformation geht weit über individuelle Produktivitätsgewinne hinaus. In einer Zeit, in der deutsche Unternehmen mit globalem Wettbewerb, Fachkräftemangel und steigenden Effizienzanforderungen konfrontiert sind, bietet die intelligente Nutzung von KI-Werkzeugen wie Copilot einen entscheidenden Wettbewerbsvorteil. Die Unternehmen, die diese Technologie früh und effektiv in ihre Arbeitsabläufe integrieren, werden in den kommenden Jahren eine Vorreiterrolle einnehmen.

Betrachten wir die konkreten Auswirkungen auf verschiedene Arbeitsbereiche, die wir in diesem Buch behandelt haben:

1. **Kommunikation**: Die Fähigkeit, schneller und präziser zu kommunizieren, führt nicht nur zu Zeitersparnissen, sondern auch zu klareren Botschaften und weniger Missverständnissen. Ein Vertriebsleiter berichtete mir, dass

seine Kundenkommunikation durch Copilot nicht nur effizienter, sondern auch persönlicher und zielgerichteter geworden ist.

2. **Dokumentenerstellung**: Die dramatische Beschleunigung der Erstellung von Berichten, Präsentationen und anderen Dokumenten eröffnet Raum für tiefere Analysen und kreativere Gestaltung. Eine Marketingdirektorin konnte die Zeit für die Erstellung von Kundenpräsentationen um 70% reduzieren und nutzt die gewonnene Zeit für strategische Planung.

3. **Datenanalyse**: Die vereinfachte Analyse komplexer Datensets ermöglicht es auch Nicht-Experten, wertvolle Erkenntnisse zu gewinnen und datenbasierte Entscheidungen zu treffen. Ein Projektcontroller entdeckte durch Copilot-unterstützte Analysen Kosteneinsparungspotenziale, die zuvor verborgen geblieben waren.

4. **Wissensmanagement**: Die Fähigkeit, Informationen app-übergreifend zu finden und zu nutzen, überwindet Informationssilos und fördert eine ganzheitliche Sicht auf Projekte und Prozesse. Eine Teamleiterin beschrieb, wie Copilot ihr half, fragmentiertes Wissen aus verschiedenen Quellen zusammenzuführen und so bessere Entscheidungen zu treffen.

Besonders beeindruckend finde ich die Demokratisierung fortgeschrittener Fähigkeiten, die durch Copilot stattfindet. Funktionen, die früher Spezialisten vorbehalten waren, stehen nun jedem zur Verfügung. Ein Beispiel aus meiner Beratungspraxis: Eine Assistentin ohne Programmierkenntnisse konnte mit Hilfe von Copilot komplexe Datenanalysen durchführen, die zuvor einen Experten erfordert hätten. Diese Befähigung aller Mitarbeiter birgt enormes Potenzial für Innovationen und Prozessverbesserungen.

Die Anpassung an Ihre individuellen Bedürfnisse und Arbeitsweisen, wie wir sie im letzten Kapitel besprochen haben, ist der Schlüssel zur vollen Ausschöpfung dieses Potenzials. Ein persönlicher, maßgeschneiderter Ansatz führt zu wesentlich besseren Ergebnissen als eine standardisierte Nutzung. Die Zeit, die Sie in die Entwicklung Ihrer eigenen Prompts, Workflows und Produktivitäts-Hacks investieren, zahlt sich vielfach aus.

Ein wichtiger Aspekt, den ich betonen möchte, ist die kontinuierliche Lernbereitschaft. Die KI-Landschaft entwickelt sich in atemberaubendem Tempo, und Microsoft erweitert die Fähigkeiten von Copilot ständig. Die Lernkurve ist kein einmaliger Prozess, sondern eine fortlaufende Reise. Doch mit den Grundlagen, die Sie in diesem Buch erworben haben, sind Sie bestens gerüstet, um mit diesen Entwicklungen Schritt zu halten und neue Funktionen schnell zu adaptieren.

Die ethischen Aspekte der KI-Nutzung verdienen ebenfalls unsere Aufmerksamkeit. Als verantwortungsbewusste Anwender sollten wir stets reflektieren, wie wir diese mächtige Technologie einsetzen. Copilot sollte menschliche Kreativität, kritisches Denken und Entscheidungsfindung unterstützen, nicht ersetzen. Die Qualität der Ergebnisse hängt maßgeblich von der Qualität unserer Eingaben und unserer kritischen Überprüfung ab.

Ich blicke mit großem Optimismus auf die Zukunft der Arbeit mit KI-Unterstützung. Die Bedenken, die viele zu Beginn hatten, weichen zunehmend der Erkenntnis, dass wir mit Tools wie Copilot nicht weniger menschlich arbeiten, sondern im Gegenteil: Wir können uns auf die Aspekte konzentrieren, die zutiefst menschlich sind. Strategisches Denken, kreative Problemlösung, empathische Kommunikation, die Fähigkeit, Zusammenhänge herzustellen und Bedeutung zu schaffen, all diese Qualitäten gewinnen an Wert in einer KI-unterstützten Arbeitswelt.

Ein Gedanke, der mich in meiner Arbeit mit Unternehmen leitet, ist die Vorstellung einer augmentierten, nicht einer automatisierten

Zukunft. Es geht nicht darum, Menschen zu ersetzen, sondern darum, ihre Fähigkeiten zu erweitern und zu verstärken. Copilot fungiert als Verstärker Ihrer beruflichen Fähigkeiten, als Katalysator Ihrer Produktivität und als Brücke zu neuen Möglichkeiten.

Die praktischen Beispiele und Anleitungen in diesem Buch sind nur der Anfang. Jeder von Ihnen wird eigene Wege finden, Copilot für seine spezifischen Herausforderungen zu nutzen. Ich ermutige Sie, experimentierfreudig zu bleiben, Neues zu wagen und Ihre Erfahrungen zu teilen. Die kollektive Intelligenz, die durch den Austausch von Best Practices entsteht, wird uns allen helfen, das volle Potenzial dieser Technologie auszuschöpfen.

Wie sieht Ihr nächster Schritt aus? Vielleicht beginnen Sie mit einem der Quick-Wins, die wir besprochen haben, oder Sie tauchen tiefer in einen Bereich ein, der für Ihre tägliche Arbeit besonders relevant ist. Möglicherweise möchten Sie auch ein kleines Experiment starten, um die Auswirkungen von Copilot auf einen bestimmten Arbeitsprozess zu messen. Welchen Weg Sie auch wählen, ich bin überzeugt, dass Sie bereits nach kurzer Zeit spürbare Verbesserungen erleben werden.

Die Schlüssel zu Microsoft 365 Copilot liegen nun in Ihren Händen. Sie haben das Wissen, die Werkzeuge und hoffentlich auch die Inspiration, um diese leistungsstarke Technologie für Ihren beruflichen Erfolg zu nutzen. Der Weg zu höherer Produktivität, kreativerer Arbeit und größerer beruflicher Zufriedenheit steht Ihnen offen.

Denken Sie daran: Der wahre Wert von Technologie zeigt sich nicht in ihrer Komplexität, sondern in ihrer Fähigkeit, unser Leben einfacher, produktiver und erfüllender zu gestalten. Mit diesem Gedanken möchte ich Sie auf Ihrer weiteren Reise mit Copilot begleiten. Eine Reise, die gerade erst begonnen hat und noch viele spannende Möglichkeiten bereithält.

DANKSAGUNG

Dieses Buch entstand aus einer tiefen Überzeugung: Technologie sollte Menschen befähigen, nicht überfordern. Auf dieser Reise durch die Welt von Microsoft 365 Copilot haben mich zahlreiche Wegbegleiter inspiriert und unterstützt.

Mein besonderer Dank gilt den über 50 Unternehmen und ihren Teams, die mir erlaubt haben, ihre Copilot-Einführung zu begleiten. Eure Fragen, Herausforderungen und vor allem eure Erfolgsgeschichten bilden das Herzstück dieses Buches. Ohne eure Offenheit für neue Wege der Zusammenarbeit mit KI wäre dieses Projekt nicht möglich gewesen.

Ein leises Dankeschön an meine Familie für ihre Geduld während der vielen Abende am Schreibtisch. Auch meinem Fachlektor danke ich für seine kritischen Anmerkungen, die dieses Buch präziser und verständlicher gemacht haben.

Vor allem danke ich Ihnen, liebe Leserin, lieber Leser. Ihr Mut, sich auf die Reise der KI-gestützten Produktivität einzulassen, inspiriert mich. Wenn Sie Ihre Erfahrungen mit den Schlüsseln zu Copilot teilen möchten, würde ich mich über Ihre persönliche Geschichte freuen.

Daniel Roth